FOTOGRAFÍA DIGITAL

Steve Bavister

Grijalbo

Título original: *Digital photographer*

Publicado por primera vez en 2008
por Collins, un sello de HarperCollins Publishers

© 2008, HarperCollins*Publishers*, 2008
© 2008, Steve Bavister, por las fotografías
© 2009, Random House Mondadori, S.A., por la presente edición
  Travessera de Gràcia, 47-49. 08021 Barcelona
© 2009, Israel Ortega Zubeldía, por la traducción

Concebido y creado por Focus Publishing, Sevenoaks, Kent, Reino Unido
Responsable del proyecto: Guy Croton
Edición: Vicky Hales-Dutton
Diseño: Heather McMillan, Marc Marazzi
Índice: Carolina Watson

ISBN: 978-84-253-4345-2

Compuesto en Compaginem

Impreso en China

G E 4 3 4 5 2

CONTENIDO

La fotografía posee distintos significados para cada persona. Para algunos supone una forma de capturar momentos especiales y conservar recuerdos. Para otros es una forma de expresarse artísticamente. Para unos pocos afortunados constituye una forma edificante de ganarse la vida. Pero para la gran mayoría es una afición fascinante que combina arte y ciencia a la que dedicarse de manera exclusiva o combinada con otros pasatiempos.

El equipo importa

Uno de los secretos del éxito radica en escoger la cámara adecuada. Casi todos tenemos una cámara integrada en el teléfono móvil y, cada vez más, a medida que la resolución digital mejora la calidad de las imágenes, dicha cámara posee un nivel aceptable a costa de un mínimo incremento del tamaño. Sin embargo, las cámaras incorporadas en teléfonos resultan extremadamente limitadas. Aunque están siempre a mano cuando surge la oportunidad de usarlas, carecen de la versatilidad de una cámara fotográfica convencional.

Por eso quienes se toman en serio la fotografía se gastan todo lo que pueden en equipo en lugar de sacar partido del que ya tienen. Como mínimo, se precisa una cámara compacta con un zoom aceptable, pero lo ideal sería una cámara réflex de objetivo único con una colección de lentes intercambiables y demás accesorios. Si bien con una cámara compacta se pueden abordar con éxito la mayoría de los temas populares, los fotógrafos serios se decantan por las SLR (cámaras réflex de un objetivo), a las que puede acoplarse desde un gran angular que incluya un mayor campo de visión hasta un teleobjetivo que permita acercar sujetos distantes y comprimir la perspectiva.

La fotografía atrae a personas de todas las edades, y el sencillo manejo de las cámaras modernas posibilita grandes resultados desde el principio.

¿Quiere sacar fotografías en exteriores de noche? No hay problema. Actualmente la mayoría de las cámaras incorporan modos que permiten captar la escena con independencia de las condiciones imperantes.

Desarrollo de la técnica

Sin embargo, el equipo escogido no lo es todo. Al final lo que determinará la calidad de las fotografías será la técnica del fotógrafo. Y dicha técnica consiste en una serie de habilidades fotográficas básicas, a saber: control de la exposición, enfoque preciso, composición efectiva y dominio de las condiciones lumínicas.

Una vez domine los diversos «modos» de exposición, será capaz de administrar la cantidad adecuada de luz al sensor o la película de la cámara de la manera más creativa, variando la velocidad y la abertura del obturador en función de lo que desee expresar. También aprenderá a reconocer los distintos tipos de situación en que los fotómetros fallan y producen resultados erróneos y sabrá cómo evitar que ocurra.

A veces enfocar puede tener su truco. Generalmente, los sistemas de enfoque modernos funcionan bien; no obstante, si no se tiene cuidado, en ocasiones enfocan una parte incorrecta del sujeto. Por tanto, debemos saber cuándo prescindir del enfoque automático de la cámara y pasar al modo manual.

Composición efectiva

La composición es básica en una buena fotografía. Existen múltiples posibilidades de enmarcar los diversos elementos que componen cada sujeto fotográfico particular. Por supuesto, ello depende en gran medida del gusto personal de cada uno. A fin de cuentas, ¡es su foto!

El uso creativo de las lentes y de la composición puede convertir una escena cotidiana en una foto impactante. En este caso, la vía férrea que se pierde en el horizonte combinada con las mullidas nubes blancas en un cielo azul crea una imagen memorable.

Sin embargo, si sigue unas simples normas básicas —como son el encuadre, las diagonales dinámicas y las líneas—, su estilo mejorará mucho. El color también es crucial, y la forma en que combine los tonos puede salvar o estropear una imagen.

A medida que vaya adquiriendo experiencia, aprenderá a sacar partido de los distintos matices y tonos de la luz natural. Cuando comprenda

La posibilidad de revisar las imágenes al momento convierte la fotografía digital en una actividad extremadamente social.

Las cámaras de alta resolución actuales se caracterizan por poseer una gran nitidez y precisión. En este caso, se aprecia claramente cada detalle de la cara de este artista callejero.

Las cámaras réflex (SLR) son las favoritas de los profesionales y los grandes aficionados por su gran versatilidad y por la calidad de los resultados. Actualmente son tan buenas como las mejores cámaras analógicas.

cómo esta va cambiando de la mañana a la noche, según las estaciones o dependiendo de las condiciones meteorológicas, podrá aplicar a cada sujeto la iluminación adecuada. En la fotografía, la calidad de la luz importa más que la cantidad y a veces las mejores fotos se toman en ambientes con poca luz o incluso de noche. Para ello se requiere una técnica excelente que permita evitar problemas de exposición o que la fotografía salga movida.

Sacar mejores fotografías

En última instancia, convertirse en un buen fotógrafo consiste en aprender a hacer fotos en lugar de limitarse a sacarlas. Independientemente de la temática que le guste fotografiar, siempre debe buscar maneras de mejorar lo que se encuentre, no basta con aceptar las cosas tal como vienen. Siga el consejo del capítulo tercero: explorar formas sugerentes y originales de captar el sujeto le ayudará a que sus fotografías destaquen. Los temas fotográficos más populares son las

EDICIÓN DE IMÁGENES

Captar el sujeto es solo el principio. Una vez se ha transferido la imagen al ordenador se abre todo un mundo de creatividad. Pueden mejorarse el color, la exposición, la iluminación y la composición; o eliminarse elementos. Pueden combinarse diversas fotografías, añadirse filtros para lograr efectos más creativos, pasar las imágenes a blanco y negro o virarlas. Algunas de estas opciones se analizan en el capítulo sexto para despertar la creatividad del lector.

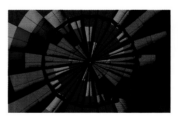

personas, los paisajes, los niños, la arquitectura y la fotografía de viajes, y en este libro los exploramos todos en profundidad, junto a otros como los deportes y la fotografía de acción, las mascotas, los primeros planos, la fotografía documental y el desnudo. A medida que aprenda técnicas específicas particularmente efectivas en cada campo, conseguirá imágenes todavía mejores.

Fotografía digital está diseñado para ser leído de un tirón o para consultar las diversas secciones a su gusto y encontrar siempre la información necesaria para convertirse en un fotógrafo mejor. No solo hemos buscado ofrecerle consejos prácticos y claros, sino que además se incluyen imágenes destinadas a estimular la creatividad. ¡Disfrute de la fotografía!

INTRODUCCIÓN

1

FUNDAMENTOS

Todo el mundo saca fotos y casi todo el mundo lo hace con cámaras digitales. Este medio ofrece muchas ventajas y se entiende fácilmente que el formato digital haya sustituido al analógico. Pueden revisarse las fotografías inmediatamente y, una vez transferidas desde la cámara, son extremadamente accesibles. Pero comencemos por los fundamentos básicos: ¿qué se necesita para comenzar a sacar buenas fotografías?

Las cámaras digitales compactas son pequeñas, portátiles y baratas. Resultan fáciles de usar para los principiantes e ideales para los fotógrafos más experimentados que buscan una cámara que puedan llevar siempre encima.

La luz de apoyo permite un enfoque rápido y preciso en cualquier situación.

La mayoría de las cámaras tienen un dial de manejo fácil.

Comprar una cámara de una marca conocida garantiza imágenes de calidad.

El sensor Super CCD mejora la resolución mediante píxeles octogonales.

Cuanto más rápida sea la abertura máxima de la lente, más fácil será fotografiar con poca luz.

Un zoom de gran alcance proporciona infinidad de opciones fotográficas.

Cuantos más píxeles de resolución ofrezca, mayor calidad tendrá la foto resultante.

Cantidad de megapíxeles

La cantidad de megapíxeles de una cámara digital compacta nos indica aproximadamente la calidad que cabe esperar de las fotos, aunque actualmente no importa tanto como en los inicios de la tecnología digital, ya que la fotografía digital ha avanzado tanto que prácticamente cualquier cámara ofrece imágenes aceptables independientemente del número de megapíxeles que tenga. Cinco megapíxeles de resolución, por ejemplo, producen unas impresiones excelentes de 15 × 10 cm y ampliaciones de hasta 18 × 13 cm o incluso 25 × 20 cm. Si desea imprimir a tamaños mayores, le recomendamos una cámara de mayor resolución, de entre siete y diez megapíxeles.

Gamas de zoom

¿Qué clase de zoom necesita? Las cámaras digitales básicas incorporan un zoom de 3x. Es decir, el ajuste de teleobjetivo máximo amplía la imagen tres veces. Si quiere fotografiar desde más lejos, precisa de un zoom más potente. Algunas cámaras compactas incorporan un zoom 6x, pero si desea uno mayor (10x o 12x), ha de optar por una

LCD

Las pantallas LCD (de cristal líquido) de todas las cámaras digitales —desde las de los móviles hasta las SLR de alta gama— tienen la ventaja de mostrar al instante la fotografía.

cámara con «superzoom», aunque suelen ser más grandes.

Consejos básicos

La mayoría de las cámaras digitales están diseñadas para tomar simples instantáneas y controlan la velocidad del obturador y la abertura de forma automática. Si desea controlarlos manualmente, busque cámaras que dispongan de los modos PASM (siglas inglesas de Programa AE, Prioridad a la abertura, Prioridad al obturador y Manual.)

LAS CÁMARAS DIGITALES COMPACTAS SON IDEALES PARA CAPTAR IMÁGENES ESPONTÁNEAS Y COTIDIANAS

Compruebe la batería de la cámara. Algunas solo permiten sacar entre 100 y 150 fotos sin volver a cargar. Para todo un día dedicado a la fotografía, necesitará una batería que permita disparar 200 fotos o más.

A continuación le damos un par de consejos para que saque mejores fotos. En primer lugar, para componer las fotos, utilice siempre que pueda la pantalla LCD en vez del visor óptico de la cámara. Los visores son útiles bajo iluminaciones brillantes, cuando cuesta ver la pantalla LCD, pero no dan una idea exacta de lo que fotografiará la cámara.

También notará que el obturador de las cámaras digitales es lento, que usted aprieta el disparador pero la cámara no capta la imagen inmediatamente. Esto puede complicar la precisión a la hora de disparar. Para evitarlo, debe encuadrar la foto y apretar parcialmente el disparador. La cámara enfocará y permanecerá «bloqueada» mientras mantenga el disparador parcialmente apretado. Entonces, espere el momento perfecto para disparar y luego presione el botón hasta el fondo. La fotografía se tomará al instante, sin ningún retraso.

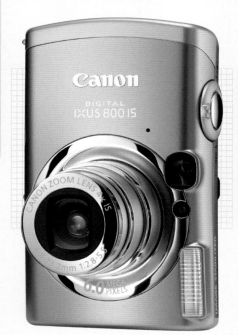

PRÁCTICAS

Las cámaras digitales compactas tienen diversas formas y tamaños. Escoja una que quepa en un bolsillo o en un bolso y la tendrá siempre a mano para hacer una fotografía.

Las cámaras digitales compactas son perfectas para sacar fotos divertidas con amigos y mostrarlas a todos. Si la foto no sale bien, basta con borrarla y hacerla de nuevo. Si le gusta lo que ve en la pantalla LCD, ya tiene la foto.

Las cámaras digitales SLR son más aparatosas y caras que las compactas, pero poseen sensores más potentes que ofrecen mejor calidad de imagen y controles fotográficos más avanzados.

La mayoría de las SLR incorporan un zoom estándar.

Una pantalla LCD superior le da datos relevantes de la fotografía.

Pese a su tamaño, muchas SLR de bicarbonato no pesan demasiado.

El disparador está situado para usarlo con el dedo índice de la mano derecha.

La mayoría de las SLR digitales incorporan un dial de modos grande.

Algunas DSLR incorporan un flash; otras tienen una zapata para ajustar un flash externo.

MANEJO DE UNA SLR

Las cámaras digitales SLR son más grandes y pesadas que las cámaras digitales compactas, lo cual significa que no caben en un bolsillo ni en un bolso de mano: ha de tomar la decisión consciente y deliberada de llevarla consigo, especialmente si desea disponer de más de una lente o incorporar un flash externo. En tal caso, necesitará una bolsa. A menos que tenga las manos extremadamente pequeñas, descubrirá que pese a su tamaño y su peso, la cámara es de manejo sencillo gracias a sus grandes diales.

Mientras que las cámaras compactas son ideales para realizar instantáneas, crear imágenes más complejas como este sorprendente bodegón exige una SLR digital.

¿Qué es una cámara SLR?

Las siglas SLR significan Single Lens Reflex, es decir, cámara réflex de un solo objetivo. Cuando se utiliza una SLR, la imagen se compone y se capta a través de la única lente de la cámara. El concepto réflex hace referencia al espejo que se emplea para reflejar la imagen en el visor hasta que se aprieta el disparador. El espejo se pliega y la imagen pasa al sensor situado en la parte posterior de la cámara. Las cámaras SLR más baratas tienen sensores de entre seis y diez megapíxeles que pueden dar buenos resultados, pero merece la pena pagar un poco más por una cámara de mayor resolución. La diferencia se aprecia en los detalles.

Lentes, equipo y accesorios

Las cámaras SLR admiten diversas lentes y los fabricantes venden el

Las cámaras SLR son piezas tecnológicamente avanzadas capaces, con la lente o el accesorio adecuados, de realizar cualquier fotografía que pueda imaginarse.

Los controles de diseño ergonómico permiten navegar fácil y rápidamente por todas las opciones.

Las SLR digitales poseen un visor óptico en vez de uno electrónico.

La pantalla LCD de gran tamaño facilita revisar y valorar las imágenes.

Los modelos más avanzados ofrecen una amplia gama de sofisticadas características.

«cuerpo» de la cámara solo, por lo que tendrá que comprar el objetivo aparte, o bien un «equipo» en que se incluya una lente de uso general. Si ya posee lentes compatibles, quizá deba comprar solo el cuerpo. Sin embargo, si se trata de su primera SLR, le recomendamos un equipo con lente incluida: le saldrá mucho más barato.

Ventajas de la SLR

Las cámaras SLR son igual de fáciles de usar que las compactas. Todas disponen de modos totalmente automáticos con los que basta apuntar y disparar para que los principiantes exploren luego las opciones más avanzadas, a su propio ritmo. Con todo, si ha utilizado una compacta anteriormente, quizá tenga que modificar la técnica de disparo.

Ello se debe a que las cámaras SLR poseen menos profundidad de campo (nitidez entre lo cercano y lo lejano) que las compactas, por lo que al pasarse a las SLR, hay que familiarizarse con las aberturas de los objetivos y el modo en que estas afectan a la profundidad de campo. Las SLR también tienen un sistema de enfoque más rápido, por lo que hay menor riesgo de retraso del obturador.

Como las fotos quedan más nítidas que con las cámaras compactas (y los usuarios de SLR digitales esperan más de sus fotos), conviene invertir en un trípode para evitar que salgan movidas cuando haya poca luz y para mejorar la composición cuando el tiempo y el espacio lo permitan.

Este tipo de dial sirve para seleccionar características como la velocidad del obturador o la abertura.

Las principales marcas son garantía de calidad.

Nikon
D200

Se sujetan cómodamente gracias a la empuñadura redondeada.

CON UNA SLR ASEQUIBLE, PUEDEN SACARSE GRANDES FOTOS AMPLIABLES A TAMAÑO A3 O SUPERIOR

Muchos fotógrafos prefieren mayor amplitud de zoom o más control fotográfico que el que ofrecen las cámaras digitales compactas, pero consideran que las SLR son grandes y pesadas.

Cámaras alternativas

Quizá la solución esté en una cámara «puente». Estas cámaras ofrecen gran parte de los avanzados controles de las SLR, pero en un cuerpo más pequeño y barato con una lente fija. Dicha lente puede tener un zoom muy amplio, perfecto para quienes quieren una cámara que sea «todo en uno».

Cada vez hay más teléfonos móviles con cámara, pero la calidad de las imágenes todavía no se acerca a la de la cámara digital más básica. Otra alternativa sería una cámara de vídeo —la mayoría también saca fotografías—; pero, de nuevo, la calidad puede no ser suficiente.

Casi todas las cámaras de vídeo ofrecen la opción de capturar imágenes fijas, pero suelen ser de baja resolución.

Las cámaras de los teléfonos móviles cada vez ofrecen imágenes de mejor calidad. Sin embargo, carecen de la resolución y la versatilidad de las cámaras compactas o las SLR.

OTROS MEDIOS

La mayoría de las imágenes de una videocámara solo tienen un tamaño de entre uno y dos Mb, por lo que la calidad es muy inferior a la ofrece una cámara de fotos digital.

Las imágenes captadas mediante teléfono móvil parecen aceptables si se imprimen a pequeño tamaño; pero en cuanto se amplían, pierden nitidez e intensidad.

Las cámaras SLR permiten cambiar de lente
para lograr diversos efectos. La lente estándar
de la cámara proporciona un ángulo de visión
similar al que percibe el ojo humano, el gran
angular permite abarcar mayor campo de
visión y el teleobjetivo magnifica objetos lejanos.

Características de las lentes

Deben tenerse en cuenta otras
características aparte de la longitud
de foco, incluida la abertura máxima.
Cuanto mayor sea la abertura
máxima, más luz podrá recibir la
lente, lo cual es útil en condiciones
de poca luz o cuando se desea
poca profundidad de campo.

Lentes zoom

En las cámaras modernas, las lentes
zoom han sustituido en gran medida
a las lentes de distancia focal fija

(objetivo principal). La versatilidad
del zoom implica no tener que cargar
con varias lentes de longitud focal
fija ni tener que cambiar de lente
según el sujeto. Sin embargo,
las lentes zoom presentan varios
inconvenientes. Uno de ellos radica
en que tienen una abertura máxima
menor que las lentes de foco fijo.
Mientras que un objetivo principal
de 50 mm puede alcanzar una
abertura de f/1.8, a idéntica longitud
focal, un zoom estándar tiene una
abertura máxima de f/4.

Si desea impactar con temas
como las aves o los deportes
de motor, necesitará un súper
teleobjetivo como este Sigma
800 mm f/5.6.

Los teleobjetivos de abertura rápida son pesados, voluminosos y caros, pero idóneos para temáticas deportivas o de acción.

Las lentes de ojo de pez abarcan tal amplitud de campo que pueden aparecer los pies del fotógrafo en la imagen.

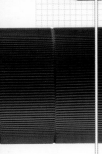

Para uso general, nada mejor que un teleobjetivo zoom con un alcance aproximado de 70-300 mm.

Los fotógrafos de arquitecturas o paisajes quizá prefieran invertir en un gran angular.

Montura de los objetivos

Cada marca de cámaras SLR utiliza una montura diferente. Por ejemplo, una lente Nikon no encaja en una cámara Canon. Sin embargo, no está obligado a comprar lentes de la misma marca que la cámara. Las compañías independientes como Sigma fabrican objetivos de monturas diferentes según la cámara que emplee. Estas lentes ofrecen el mismo servicio que las que comercializan los principales fabricantes de cámaras.

Comparativa entre lentes independientes y lentes de marca

Los objetivos fabricados por compañías independientes suelen costar menos que los que ofrecen los fabricantes de las cámaras. Dan muy buen resultado, y apenas se perciben diferencias entre la calidad obtenida con una buena lente independiente y una más cara «de marca». Con todo,

al comprar una lente, no solo se invierte en calidad de imagen. Las lentes de marca pueden estar mejor construidas que las independientes y, por tanto, soportar mejor el uso continuado a lo largo de los años. Su diseño y acabado serán similares a los de otras lentes incluidas en la misma gama y encajarán mejor en cuerpos de la misma marca. La variedad de tales lentes quizá incluya modelos más sofisticados y especializados que difícilmente encontrará en otros fabricantes.

Estas lentes pueden utilizarse en interiores si necesita adaptar la distancia focal.

DISTANCIA FOCAL EQUIVALENTE

Los fotógrafos que utilizan película de 35 mm están acostumbrados a determinar el ángulo de visión de una lente por su distancia focal. Sin embargo, con un par de excepciones, las SLR digitales tienen sensores más pequeños, por lo que el ángulo de visión de la lente queda reducido y aparenta tener una distancia focal más larga. Hay que multiplicar la distancia focal real por 1.5 o 1.6 para obtener la distancia focal «real». Así, una lente de 50 mm se convertiría en una lente real de 80 mm.

A medida que aumenta la distancia focal de un objetivo, también disminuye el ángulo de visión. Los objetivos de gran angular captan gran parte de la escena porque poseen un gran ángulo de visión. Con los súper teleobjetivos, el ángulo disminuye a unos pocos grados y se descarta la mayor parte de la escena.

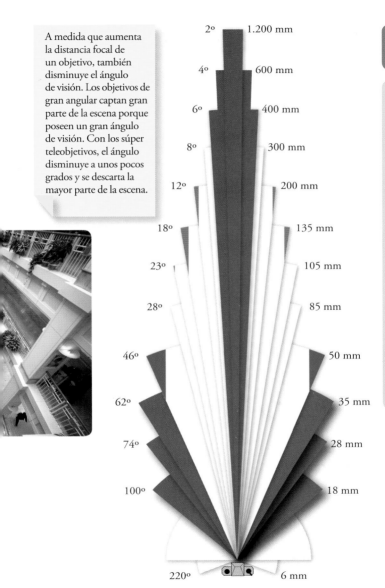

Ángulo	Distancia focal
2°	1.200 mm
4°	600 mm
6°	400 mm
8°	300 mm
12°	200 mm
18°	135 mm
23°	105 mm
28°	85 mm
46°	50 mm
62°	35 mm
74°	28 mm
100°	18 mm
220°	6 mm

2

TEMAS

Una de las maravillas de la fotografía radica
en que nunca faltan temas. Existen infinidad
de temáticas fotográficas por explorar.
Muchas personas comienzan por los paisajes,
los retratos, los viajes, la naturaleza, los niños
o la arquitectura, y la diversidad es tal que
uno puede mantenerse ocupado durante años.
Pero cada cual es libre de probar cualquier cosa
que se le ocurra.

Si se desea obtener buenas imágenes de paisajes, resulta imprescindible pasar tiempo en el campo. Las mejores vistas casi nunca se encuentran junto a la carretera, por lo que hay que estar preparado para alejarse del coche o el autobús. Tan solo cuando uno se aleja de los lugares habituales con un mapa en la mano descubre cosas que muchos fotógrafos se pierden.

Condiciones ideales

Las buenas fotos de paisajes se toman a cualquier hora del día, pero existen ciertas condiciones que inclinan la balanza hacia el éxito. Si uno se levanta al amanecer, probablemente captará imágenes sorprendentes mientras la tierra se despierta tras pasar la noche bajo las estrellas. Desde un punto elevado, suele contemplarse la neblina en los valles o flotando grácilmente sobre ríos, lagos o bosques. Los primeros rayos de sol

USE UN TRÍPODE

Para conseguir grandes imágenes paisajísticas, se precisa un trípode. Garantiza la nitidez de la imagen y permite hacer composiciones más estudiadas.

sobre la ladera de una colina también impresionan, y el ángulo bajo de la luz revela las diversas texturas y crea sensación de profundidad.

Sin embargo, aunque la luz radiante del sol y los cielos azules prometen estupendas condiciones para fotografiar paisajes, nada supera un ambiente tormentoso cuando lo que se busca son fotos dramáticas. Las imágenes más espectaculares se consiguen cuando los rayos del sol atraviesan cielos inquietantes y oscuros e iluminan el primer plano o las formas más lejanas.

La ubicación de uno de estos árboles de aspecto dramático en el primer plano otorga a la imagen una poderosa sensación de profundidad.

La niebla matinal sobre las lomas, las alargadas sombras de los árboles, la perspectiva comprimida creada por un teleobjetivo... Pocas imágenes de paisajes podrán superar una fotografía como esta.

TEMAS | PAISAJES

Lo más importante en la fotografía paisajística es no abarcar demasiado. Ante una gran extensión rural, quizá sienta la tentación de disparar indiscriminadamente. Sin embargo, cuando se incluyen demasiados detalles en la foto, esta puede perder fuerza. Por tanto, comience por decidir qué es lo que le llama la atención de la escena. Quizá destaque la luz sobre las colinas, o el patrón que dibuja una pared de piedra. Una vez determinado el punto de interés, proceda a enfatizarlo. Como norma general, las composiciones han de ser sencillas. Un solo detalle, como una casita al pie de una montaña, puede componer por derecho propio una imagen atractiva.

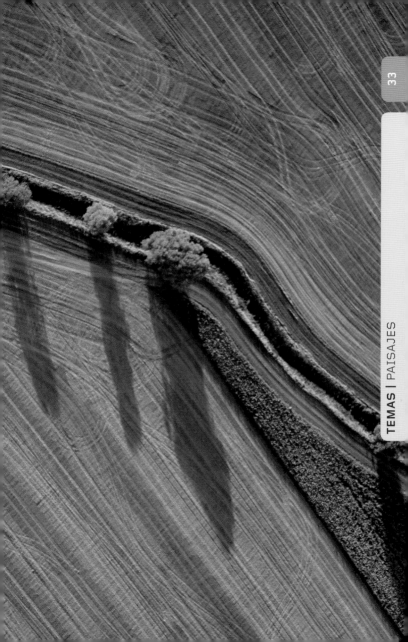

Gran parte de la superficie de la tierra está cubierta de agua, por lo que no resulta ilógico considerarla un tema en sí mismo, al igual que el paisaje. A fin de cuentas, ofrece bastante variedad: cascadas, ríos, lagos, embalses, piscinas y, por supuesto, el mar.

Fotografiar agua

El aspecto del agua viene determinado por la calidad de la luz y el color del cielo. Si se fotografía a distintas horas del día y con diferentes condiciones meteorológicas, se obtienen resultados muy diversos. En días soleados y brillantes, los ríos y los lagos tienden a ser azules, mientras que al comienzo o al final del día presentan una atractiva coloración cálida. La posición del sol también es determinante. Cuando se encuentra en su punto más alto, a mediodía, genera muchos destellos sobre la superficie. Pero durante la mañana o la tarde, cuando el sol se encuentra en un ángulo más bajo, la luz se extiende por la superficie revelando la textura del agua. Sin embargo, el mejor momento llega con la puesta de sol sobre el agua, a la que siguen los sorprendentes colores que aparecen una hora después de que el sol se haya ocultado.

LOS REFLEJOS

Una de las primeras ideas que vienen a la mente al pensar en el agua son sus reflejos (*véase* fotografía de la derecha). Desde el perfecto reflejo especular producido por un lago inmóvil hasta las brillantes figuras abstractas de un muelle bullicioso, los reflejos componen una gran temática fotográfica. Utilice un gran angular si desea incluir tanto el reflejo como aquello que está reflejando, o un teleobjetivo para acercarse a una zona pequeña.

El agua en movimiento ejerce un poder inmenso, y la forma más efectiva de captarla consiste en ajustar el tiempo de exposición. El resultado es una espuma atmosférica y cremosa que fluye con gracia entre las rocas o cae en picado desde una cascada (*véase* imagen superior). Cuanto mayor sea el tiempo de exposición, más se desdibuja el agua. Comience colocando la cámara en un trípode y experimente con diversos tiempos de exposición para ver cuál se adecua mejor: generalmente se encontrará entre ¼ de segundo y cuatro segundos, lo cual requiere una ISO lenta.

La fotografía de acción es uno de los temas fotográficos más desafiantes. Aparte de las consideraciones habituales —como la exposición, la iluminación y la composición—, tiene que enfocar con precisión un sujeto en movimiento y, probablemente, a tal velocidad que apenas logre ver lo que pasa.

Fotografíe acciones cotidianas

Pese a que suele asociarse la acción a los deportes, estos apenas suponen la punta del iceberg. La fotografía de acción es la captura del movimiento, y hallará oportunidades en cualquier parte. No pase por alto los sujetos más comunes de la vida cotidiana, como unos niños que saltan en un trampolín del jardín o practican con su monopatín en la calle.

Lo más complicado con diferencia es mantener bien enfocado a un sujeto que se mueve. Afortunadamente, la mayoría de las cámaras con autoenfoque lo hacen por nosotros y un gran número de ellas incluye un modo de «predicción» que anticipa el lugar donde se encontrará el sujeto en el momento del disparo.

¡ACCIÓN!

La acción nos rodea y puede resultar tan cautivadora como el deporte. El leve movimiento en las piernas del niño que salta la barandilla hace interesante la foto.

Una de las mejores maneras de representar la acción consiste en ajustar un tiempo de exposición largo que distorsione el sujeto. Estos autos de choque se fotografiaron a ¼ de segundo con la cámara siguiendo el recorrido del auto para que este resultase reconocible.

Se necesitan rapidez de reflejos, una lente razonablemente larga y un tiempo de exposición de al menos 1/500 segundos para fotografiar un caballo de carreras que galopa hacia la cámara. Ahora bien, si se hace correctamente, el resultado puede ser espectacular.

Fotografía de deportes de invierno

Cuando se fotografían deportes de invierno, hay que comprobar la exposición cuidadosamente. La nieve es blanca. Para una persona, esto es una obviedad, pero para la cámara no. Cuando apunta hacia la nieve, la cámara «ve» una gran cantidad de luz y reduce la exposición para compensar. El resultado es una nieve deslucida y sucia y figuras muy oscuras. Una solución consistiría en colocar la cámara en exposición automática pero aplicando una compensación de EV (valor de exposición) de entre +1 EV y +1.7 EV, dependiendo de la cámara y de las condiciones reinantes. Si no, coloque la cámara en modo manual, obtenga una medición de un sujeto con la misma iluminación y utilice dicha medición como modelo para sus fotografías.

PANEADO

El paneado es una técnica que plasma con gran éxito la sensación de movimiento.

1) Escoja su punto de vista
En primer lugar, prepárese cuidadosamente para disparar. Decida dónde se colocará para tener la mejor vista del sujeto. Piense también en el fondo e intente elegir uno sin demasiados detalles.

2) Escoja un tiempo de exposición lento
Quizá tenga que experimentar con diferentes tiempos de exposición para encontrar uno que le ofrezca un equilibrio entre fondo emborronado y sujeto razonablemente enfocado. Comience con un tiempo de exposición de 1/30 segundos y aumente o disminuya esta cifra según sus necesidades.

3) Adecue el movimiento de la cámara al del sujeto
En este siguiente paso ha de seguir al sujeto con la cámara mientras este cruce su campo de visión y disparar mientras realiza el seguimiento. Tendrá que practicar hasta descubrir el tiempo de disparo adecuado.

Esta foto ha requerido un teleobjetivo grande, un tiempo de exposición de 1/1000 segundos y gran sentido del momento.

Busque maneras de mejorar las imágenes en el ordenador. Esta foto de bobsleigh no resultaba impactante, pero al distorsionarla e inclinar el sujeto, la foto ha ganado en interés.

TEMAS | DEPORTE Y ACCIÓN

Los sujetos complicados como este, en que el movimiento se dirige hacia la cámara, requieren un autoenfoque rápido y preciso, capaz de predecir dónde se encontrarán los elementos de la imagen cuando actúe el disparador. De lo contrario, casi con total seguridad algunas partes de la imagen quedarían borrosas y estropearían una fotografía por lo demás fascinante.

Muchas personas compran cámaras para hacer reportajes de vacaciones, de viajes o de excursiones. Todos los fotógrafos, experimentados o no, pretenden documentar estos acontecimientos.

Sea selectivo

Pese a que pueda resultar tentador fotografiar sin más todo lo que llama la atención, con planificación previa y atención al detalle se obtienen documentos visuales mucho más satisfactorios. Las vistas locales y los monumentos son unos típicos candidatos a salir en la foto. Las postales de la tiendas de recuerdos pueden darle una buena idea de dónde encontrar localizaciones y puntos de observación. Sin embargo, trate de abarcar la escena desde otro ángulo e incluya a algún compañero de viaje para que la foto mantenga un interés más personal en el futuro.

Además, absténgase de fotografiar únicamente «cosas». Las vacaciones no solo tratan del lugar que visita, también deben documentar lo que ocurre mientras las disfruta. Por tanto, asegúrese de fotografiar sus actividades aparte de los lugares interesantes.

Piense antes de disparar

Viaje ligero de equipaje, no solo en lo referente al peso de su equipo. También debe viajar ligero en un sentido mental, optando por una cámara simple que pueda manejar sin necesidad de concentrarse en ella (tendrá la mente ocupada en otras cosas) cuando surja la ocasión de usarla.

USO DE LA LUZ

Una de las ventajas de las vacaciones consiste en que dispone de la libertad para fotografiar cuando la luz se encuentra en su mejor momento porque puede estar en la calle a cualquier hora del día. Esta magnífica fotografía se tomó justo cuando el sol comenzaba a esconderse por el horizonte.

Los lugareños pueden dar pie a grandes fotografías, y todos hemos visto atractivos y fascinantes ejemplos de ello en revistas y libros. Sin embargo, es importante acercarse a la gente con precaución y, fundamentalmente, con respeto.

Si desea fotografiar a los lugareños, pida su permiso en voz alta y clara o, al menos, asegúrese de que aceptan. Tenga siempre presentes sus sentimientos.

Las localizaciones inusuales o exóticas suelen generar fotos atractivas. No obstante, si es capaz de incluir un elemento extra en la foto, como el niño que corre con la pelota en primer plano, podrá convertir una escena atractiva de por sí en una imagen todavía más interesante. En ocasiones merece la pena esperar un rato para conseguir la mejor foto posible.

Proteja su equipo

También ha de tener en cuenta la seguridad del equipo fotográfico cuando fotografíe en el extranjero. Aunque las bolsas de la marca del equipo son un accesorio excelente para la vida cotidiana, también hay muchos lugares donde pueden convertirse en objetivo de ladrones. Las bolsas sencillas sin marcas a la vista suelen suponer una opción mejor. Procure evitar mover la cámara de manera obvia y ostensible o dejarla a la vista, por ejemplo, colgada del cuello. Las correas ofrecen cierta seguridad contra los «descuideros», pero las cámaras caras a la vista llaman la atención de atracadores que pueden provocar problemas bastante más serios.

Las cámaras también precisan protección de los elementos, especialmente en los viajes a la playa. Mantenga la cámara en su bolsa

Manténgase siempre atento a los sujetos que dan color al lugar que visita. Por ejemplo, Las Vegas hace que la gente piense inmediatamente en las capillas de boda, así que ¿por qué no fotografiarlas o, en su defecto, fotografiar el inevitable cartel que anuncia sus servicios?

y sitúela cuidadosamente sobre una toalla o una hamaca cuando no la esté usando. La arena se cuela fácilmente entre los diales y los recovecos de las cámaras, y retirarla resulta prácticamente imposible. Sin duda, puede fotografiar en la playa, pero siempre con atención y cuidado. Lo mismo se aplica a cualquier otro equipo que lleve consigo. Los objetivos, flashes, trípodes y demás elementos son artículos caros que deberían durarle años si les dedica cierta atención. Sin embargo, una simple visita a la playa durante un día ventoso puede estropearlos y convertirse, a la larga, en un caro error.

TEMAS | VACACIONES Y VIAJES

FOTOGRAFIAR A LOS PEQUES

Las fotos de niños jugando en la playa o la piscina forman parte esencial de las vacaciones veraniegas de mucha gente. Sin embargo, asegúrese de que protege la cámara de la arena y del agua para que en el futuro tenga buenos recuerdos de esas fotos.

La fotografía de animales salvajes supone, por definición, un reto mayor que la fotografía de animales domésticos, pero puede resultar extremadamente gratificante. La clave está en ser paciente, tener suerte y practicar.

Fauna

Aventurarse por el campo para fotografiar animales salvajes por primera vez puede resultar una experiencia excitante, pero también una gran decepción. La mayoría de las especies tienden lógicamente a alejarse de los humanos, por lo que se necesita una gran lente para componer la escena. En determinados momentos del día, quizá tenga éxito con conejos o ciervos, pero los zorros y tejones pueden mostrarse muy escurridizos si no conoce su hábitat y costumbres. En cualquier caso, para tener alguna posibilidad, debe llevar ropa discreta, evitar perfumes y lociones, y moverse con cautela y sigilo.

Utilice un teleobjetivo para fotografiar criaturas pequeñas y distantes, y cáptelas mientras realizan alguna acción interesante.

MUY CERCA

Con un teleobjetivo pueden crearse primeros planos impactantes, como esta fotografía del ojo de un caballo.

DE SAFARI

Si tiene la suerte de poder permitirse un safari, contará con posibilidades ilimitadas de conseguir fotografías de animales salvajes en su elemento. Lleve un buen teleobjetivo y un trípode.

Aves

Dondequiera que viva es probable que pueda fotografiar aves, quizá incluso sin tener que salir de casa. Tal vez en el jardín no encuentre especies exóticas como las águilas reales, pero dispondrá de abundante cantidad de gorriones, tordos y petirrojos a su alrededor. Con un teleobjetivo que llegue a los 300 mm, obtendrá imágenes de un tamaño razonable que posteriormente deberá recortar y ampliar en el ordenador para que ocupen todo el plano. Con todo, los pájaros son mucho más atractivos mientras vuelan. Pero capturarlos al vuelo puede resultar muy complicado, especialmente en

Las aves más pequeñas pueden ser difíciles de fotografiar, pero las más grandes, como los patos, se fotografían sin problemas cuando hay agua en las proximidades.

APROXIMACIÓN

Muévase despacio a un ritmo constante y podrá situarse razonablemente cerca de los ciervos en parques y jardines. Con frecuencia están acostumbrados a la presencia humana y no se asustan fácilmente.

el caso de las especies más pequeñas que se desplazan a gran velocidad, como las golondrinas y los vencejos. Para obtener buenas imágenes de esta clase de pájaros, hay que reaccionar muy rápido. Por tanto, para ir sobre seguro, busque aves mayores, como gansos, patos o gaviotas, que vuelan más lentas y gráciles.

En los parques, los pájaros están más acostumbrados a la presencia humana y, por tanto, cuesta más que se espanten. Esta es una buena

manera de comenzar a fotografiar aves y a acumular una valiosa experiencia sin demasiadas complicaciones. Écheles un poco de pan o de semillas y podrá fotografiarlos mientras arrancan a volar o aterrizan.

Escoja siempre una posición estratégica en relación al fondo y la dirección de la luz que favorezca al sujeto. Todas las aves se mueven relativamente rápido, así que tiene que estar preparado.

Las criaturas exóticas como esta iguana de colores vivos pueden ser temas excelentes. Visite su zoológico o parque safari local para experimentar.

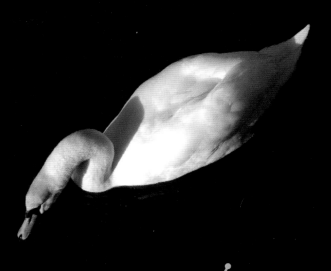

Si el sujeto se mueve relativamente despacio, como este lánguido cisne, podrá preparar mejor la foto para aprovechar al máximo la luz y los colores. En este caso, el contraste entre el cisne blanco y el agua negra es asombroso.

Las mascotas componen una temática para la que no se requieren técnicas elaboradas; basta con encuadrar y disparar. Sin embargo, tenga presente que no siempre es fácil trabajar con animales.

Fotografiar a sus mascotas

Muchas personas consideran a su mascota parte de la familia y la fotografían como a uno más. Resulta relativamente sencillo obtener buenas fotos de *Félix* o *Rover*, porque siempre están presentes. El secreto consiste en tener la película puesta de antemano o la batería de la cámara cargada y lista para usar. De este modo no tardará en reaccionar si surge un momento especialmente bueno para sacar una foto.

En la medida de lo posible, evite usar el flash, ya que puede rebotar en los ojos del animal produciendo el equivalente canino o felino a los ojos rojos en los humanos. En su lugar, coloque la ISO a 400 y trate de fotografiar con una cantidad de luz razonable.

Las fotos espontáneas y naturales suelen ser las mejores, pero nada

CUIDE LA ILUMINACIÓN

A los animales generalmente no les gustan las luces brillantes y reaccionan mal ante los disparos del flash. La clave consiste en asegurarse de que la habitación esté bien iluminada, y la mascota, cómoda.

le impide sacar fotos más calculadas como haría con un retrato de una persona. De nuevo, debe trabajar con buena luz para prescindir del flash, pero también debería buscar un fondo sencillo, como una pared, para centrar la atención en el sujeto.

El momento perfecto

Uno de los mejores momentos para fotografiar a perros y gatos llega cuando acaban de comer, ya que se muestran menos enérgicos y más dispuestos a permanecer quietos. Aun así, quizá prefiera fotos de acción: un perro que salta para

Algunas mascotas, como estos conejos, se asustan fácilmente. Puede darles comida para que se tranquilicen.

El secreto de fotografiar gatos radica en llamar su atención. En este caso el fotógrafo se preparó de antemano y después emitió un sonido agudo.

Los perros pueden convertirse en un gran tema fotográfico porque les gusta llamar la atención y a menudo juegan con la cámara. ¡Deles algunos juguetes y se lo pasarán aún mejor!

TEMAS | MASCOTAS

atrapar un palo o un gato que juega con un ratón de goma.

¿Qué técnica habrá de utilizar si posee otra clase de animal doméstico? Depende de diversos factores como su tamaño o lo activo que se muestre. Con los animales más pequeños, como los hámsteres, los jerbos o las tarántulas, tendrá que acercarse mucho para poder llenar el encuadre. En el caso de los conejos o los patos, puede alejarse más y utilizar un teleobjetivo. Si es usted el orgulloso propietario de alguna especie exótica (una serpiente o un geco, por ejemplo), deberá adaptar su fotografía a los hábitos del animal. Comience tomando fotografías muy diversas del animal, incluidas algunas en las que pose junto a su amo.

EXPRESIVIDAD

Los rostros de los animales, como los de las personas, muestran infinidad de expresiones. Este perro revela una actitud altiva y distinguida que queda enfatizada por el modo tan directo en que mira a cámara.

Hoy en día las mascotas tienen infinidad de formas y tamaños, pero no se sienta obligado a encuadrar al animal entero. A menudo un encuadre cerrado produce un impacto mayor.

Si retrata primeros planos de su mascota, da igual qué animal sea, debe captar en la medida de lo posible la personalidad y carácter de esta igual que haría en el caso de retratar a una persona. Pruebe con una serie de fotos lo más cercanas posible y escoja las mejores.

Los detalles son fundamentales para sacar buenos retratos de animales. En esta fotografía de cuidada composición de un sabueso de mirada desconfiada, se discierne cada bigote, cada pelo y cada poro.

Le resultará sencillo obtener buenos retratos, siempre y cuando siga una serie de pautas. Con poco esfuerzo pueden conseguirse retratos que destacan de los demás, retratos memorables en los en que la persona fotografiada parece cobrar vida ante nuestra mirada.

El mejor enfoque

Para comenzar, decida qué clase de enfoque va a precisar. ¿Desea un posado, donde la persona mira a cámara, o una imagen natural, donde no sabe que la están fotografiando? Los posados tienen la ventaja de que el fotógrafo dispone de mayor control, pero también la desventaja de que a menudo la gente se bloquea y es imposible captarla con naturalidad. Uno de los aspectos más importantes radica en «conectar» con el sujeto para que confíe en el fotógrafo y se abra a él.

Iluminación del retrato

En la mayoría de los casos conviene una iluminación blanda. Es el tipo de luz que domina los días nublosos o la que se filtra a través de una gran ventana. Evite la luz fuerte y de contrastes ya que crea unas sombras muy intensas y nada atractivas.

En los retratos naturales la gente se muestra tal como es, pero la iluminación no siempre es ideal y el fondo a veces está sobrecargado. A menos que esté realizando un retrato ambiental (como un carnicero en una carnicería), no es mala idea escoger un fondo neutro que no distraiga la atención.

CÓMO HALAGAR

· Nariz grande/larga
Dispare con una longitud focal mayor que la habitual: entre 200 y 300 mm. El escorzo de la perspectiva aplana la nariz. Dispare de frente en vez de hacerlo de perfil.

· Papada
Para evitarla, dispare desde un ángulo más elevado de lo normal, porque el cuello queda parcialmente oculto. También puede pedir al modelo que alce levemente la barbilla.

· Arrugas
Ilumine al sujeto con una luz suave que incida desde detrás para difuminar las arrugas.

Para obtener
retratos con más
carácter, pruebe
poses más
inusuales.
No es esencial
que el sujeto
mire directamente
a la cámara.

Uno de los mayores retos del retrato es fotografiar parejas o grupos, ya que hay que tener en mente muchos más factores que si se retratan individuos.

Parejas

Hay múltiples maneras de juntar a dos personas, y ninguna de ellas es mejor que otra. La forma más obvia de transmitir sensación de conexión entre personas es que se toquen. Las opciones dependen en gran medida de la relación que las una. Pero sea cual sea su relación, acérquelas lo suficiente para que sus cuerpos entren en contacto. Así creará una composición sólida y agradable.

Grupos

La forma más obvia de situar a tres personas es alinearlas. Pero asegúrese de que se tocan hombro con hombro y sonríen, o parecerá un pelotón de fusilamiento. Bien hecha, la foto resultante será buena, pero siempre con un enfoque bastante estático de la imagen. A veces los modelos son de distintas alturas, y podría ser una idea excelente situar a la persona más alta en el centro para crear así una especie de triangulo.

ILUMINACIÓN

A no ser que esté fotografiando con mucha luz, tanta que le permita una abertura pequeña de f/11 o f/16, intente que todas las personas se encuentren a la misma distancia de la cámara para que ninguna acabe desenfocada.

Sea imaginativo en cuanto a las poses,
no se limite a fotografiar a las personas
de pie una junto a otra.

La fotografía en blanco y negro puede ofrecer
excelentes retratos de amigos y familiares.
Tanto la textura como las sombras del blanco
y negro resultan atractivas, a la vez que
potencian la sensación de intimidad. Además,
suponen un cambio agradable respecto
a los tradicionales retratos en color.

Cuando se fotografía a dos personas, por lo general funciona mejor que se miren una a la otra en lugar de hacia la cámara. Una forma sencilla de potenciar una pose básica con familiares o amigos íntimos consiste en indicarles que ladeen la cabeza hasta entrar en contacto. Después podría sugerirles que se rodeen con los brazos o se cojan de los mismos, siempre que resulte apropiado. En esta conmovedora foto, los dos viejos amigos no están en contacto, pero el vínculo que los une se manifiesta en su lenguaje corporal con un poderoso contacto visual, amplias sonrisas y el cuerpo orientado hacia la otra persona. Este tipo de retratos puede requerir mucho trabajo, pero merece la pena.

Como en cualquier retrato, a los bebés y a los niños pequeños puede hacerlos posar o fotografiarlos al natural. El mejor enfoque depende de su temperamento y colaboración.

Bebés

Un bebé infeliz hace a un fotógrafo desgraciado. Para no complicarse la vida, fotografíelo una vez alimentado, cambiado y vestido. Prepárese con antelación, asegurándose de que todo está listo para fotografiar antes de poner al bebé en su sitio. Le resultará más fácil fotografiar a los bebés más pequeños mientras duermen o cuando están en brazos de un adulto. Deben mantener siempre la cabeza apoyada, así que tenga a mano diversos cojines.

Hasta los dos años

A estos niños lo que más les gusta es alardear de que ya saben andar, y nada los hace disfrutar más que ir a toda velocidad hacia el fotógrafo que los enfoca con la cámara; de modo que tendrá que ser muy rápido o, mejor aún, fotografiarlos mientras hagan algo, como entretenerse con los juguetes o una mascota. Evite disparar desde el plano cenital: acabará con fotos de cabezas enormes, cuerpos diminutos y cuellos alargados. Sitúese a la altura del niño agachándose o sentándose en el suelo.

Entre cinco y siete años

Con niños algo mayores, a partir de los cinco años, puede optar por un posado en vez de una instantánea. Pero tenga en cuenta que su capacidad de concentración es extremadamente fugaz y no pararán quietos mucho tiempo.

A muchos niños una cámara les invita a juguetear, por lo que usted solo tendrá que preocuparse de captar su acción. Los niños están llenos de vida: trate de transmitir energía con sus fotografías. No los convierta en algo serio y aburrido. Diviértase. Llévelos al parque o a una zona de recreo y deje que se explayen.

Las mejores fotos de bebés se sacan con luz suave, y pasarlas a blanco y negro puede añadirles un toque especial.

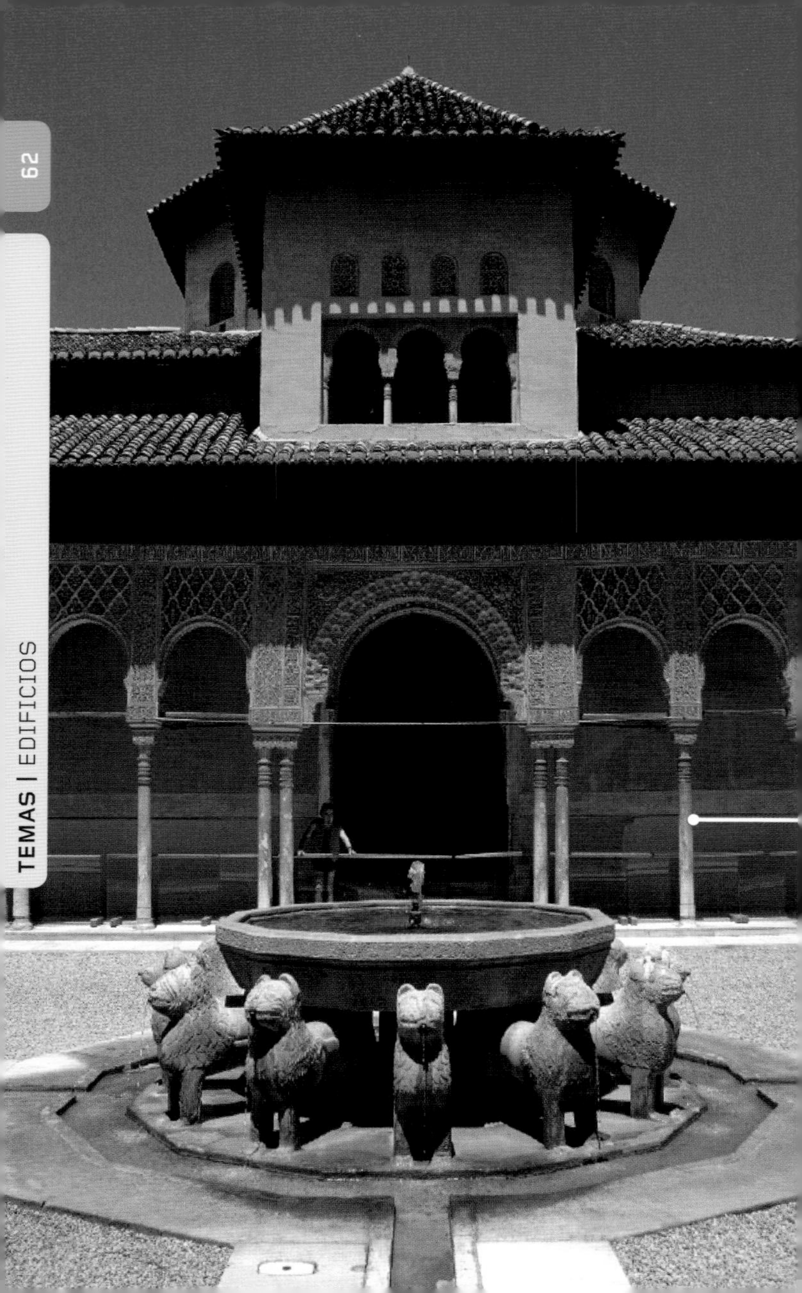

Cuando piensa en la fotografía arquitectónica, probablemente lo primero que le viene a la mente son majestuosas casas o rascacielos, y con sujetos así no cabe duda de que estará más cerca de obtener imágenes fantásticas. Sin embargo, no se desespere si vive en un pueblecito o en el campo: puede encontrar edificios fotogénicos prácticamente en cualquier parte.

Fotografía de edificios

No solo cuenta lo que fotografía, sino también cómo lo hace. Una simple casita rural o un adosado de las afueras tienen potencial si los fotografía adecuadamente, por no hablar de edificios de oficinas, centros comerciales o incluso la típica tienda de la esquina.

La importancia de la luz

Uno de los factores determinantes a la hora de fotografiar edificios es la luz. Pocos edificios muestran su mejor cara si el día está nublado, y fotografiarlos en tales circunstancias supone, por lo general, una pérdida de tiempo. Sin embargo, incluso el lugar más anodino puede cobrar

En términos generales, no es buena idea fotografiar edificios a mediodía, cuando el sol está en lo más alto y proyecta sombras muy profundas.

CAPTE LOS DETALLES

A veces los detalles arquitectónicos son más interesantes que el conjunto del edificio. Puede tratarse de cualquier cosa, como este detalle de un puente.

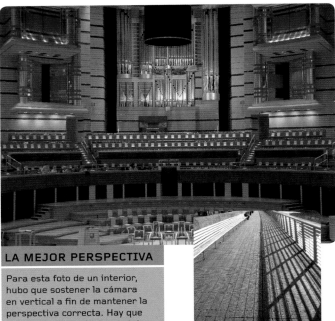

LA MEJOR PERSPECTIVA

Para esta foto de un interior, hubo que sostener la cámara en vertical a fin de mantener la perspectiva correcta. Hay que fotografiar los edificios de tal modo que las verticales sean perpendiculares a los lados de la imagen. Ello implica que la cámara esté perfectamente centrada en el momento de sacar la foto. En la práctica, no siempre es fácil. Incluso con un gran angular, el edificio o la escena interior pueden resultar demasiado grandes, o quizá no haya espacio suficiente para alejarse e incluir toda la escena. Sin embargo, los teleobjetivos resultan perfectos para los edificios con espacio de sobras porque el fotógrafo puede distanciarse y abarcarlo todo.

El gran angular, cuanto más amplio mejor, se considera la lente estándar para fotografiar edificios. La herramienta ideal para cualquier fotógrafo que se tome en serio la fotografía arquitectónica es el zoom gran angular, comenzando a partir de 17 mm o más. Si le atrae este tipo de fotografía, invierta en el mejor zoom gran angular que pueda permitirse.

vida cuando lo baña un poco de luz diurna.

No obstante, a primera hora del día o a última de la tarde se crean atmósferas insuperables, ya que el sol está bajo y tiene un color más cálido que el de la luz, más azulada, del mediodía.

El ángulo de incidencia del sol también importa. Se obtienen mejores resultados cuando la luz incide sobre el edificio de forma oblicua y destaca la textura de los materiales utilizados en su construcción. En muchos casos,

no hay nada como la luz solar del final de un día soleado, una luz que transmite una gran sensación de profundidad. En cambio, si nos situamos de modo que el sol incida directamente sobre el edificio, obtendremos resultados planos y decepcionantes.

Preste especial atención cuando fotografíe edificios de colores claros, como los pintados de blanco o construidos con piedra clara: quizá tenga que incrementar un poco la exposición. Estas características pueden producir subexposiciones.

3

MOMENTO Y LUGAR

La tecnología de las cámaras modernas permite conseguir casi siempre imágenes nítidas y bien expuestas. Sin embargo, no son infalibles. Todavía tendrá que recurrir al ingenio si no quiere que una foto «única en la vida» acabe convertida en «lo que pudo haber sido y no fue». Afortunadamente, basta con que domine una serie de técnicas fundamentales para que el éxito esté garantizado.

La luz varía drásticamente, especialmente en cuanto al contraste, la intensidad y el color, y para ser buen fotógrafo, deberá tenerlo siempre en cuenta.

Contraste

Uno de los factores que influyen en la diversidad de la luz es el contraste, es decir, la variedad de tonos entre las partes más luminosas de la escena y las más oscuras. En ocasiones dicha variedad abarca una gran amplitud, con unos negros intensos y unos blancos brillantes y realzados. En otros casos es más limitada y muestra sutiles variaciones de grises en lugar de extremos.

El factor principal que determina si el contraste de la escena es alto o bajo es la luz. La luz intensa desde un único punto de emisión produce una iluminación dura, de contrastes; la luz tenue procedente de una fuente difusa produce una iluminación

Aunque el ojo humano lo compensa, la luz que emite una lámpara doméstica común es de color naranja fuerte. El balance de blancos de las cámaras digitales suele suprimirlo, pero también puede evitar que lo quite —en ocasiones, como en este caso, queda bien— escogiendo el modo «diurno» o colocando el dial en 5.500k.

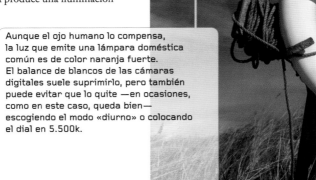

ESCALA KELVIN

2.000k
La luz de las velas y fuego en general. Es de color naranja intenso y en la película produce un color fuerte.

3.000-3.200k
La luz de las típicas lámparas domésticas de tungsteno es muy cálida y produce una coloración naranja fuerte.

3.500-4.000k
El amanecer y la puesta de sol se cuentan entre los momentos más fotogénicos.

4.200-4.800k
A primera hora de la mañana y a última de la tarde el sol radia una

bonita luz cálida que da hermosos resultados sin exceso de naranja.

5.500k
La luz del mediodía es de color neutro, lo cual produce fotos sin predominio de ningún color, igual que la luz del flash electrónico.

6.000-6.500k
Los cielos neblinosos presentan mayor cantidad de azul y pueden dar un aire sombrío a las fotos.

7.000k
En días con cielos muy nublados, la luz puede adoptar un azul tan intenso que imprima en las fotos una gran frialdad.

La luz de última hora de la tarde y el anochecer suele presentar una tonalidad cálida y proyecta un brillo dorado maravilloso capaz de dar vida al objeto más cotidiano. En esta imagen, el salvavidas llama poderosamente la atención.

suave, sin sombras. Ninguna de las dos es mejor; ambas —y todos los puntos intermedios— tienen cabida en la fotografía. De hecho, esta variedad lumínica garantiza una inmensa libertad de expresión.

Intensidad

Resulta más sencillo fotografiar con luz abundante. Uno puede escoger la velocidad del obturador y la abertura que quiera sin necesidad de preocuparse por si la foto saldrá movida. Sin embargo, no hay que confundir cantidad con calidad; esta es una de las reglas de oro de la fotografía. La luz cegadora que encontramos en exteriores soleados a mediodía quizá sea intensa, pero casi nunca resulta adecuada. Generalmente se obtienen mejores fotografías cuando la luz es más tenue.

Temperatura del color

Generalmente consideramos que la luz es neutra o blanca, pero varía de color ostensiblemente: basta con pensar en el naranja del amanecer o en el azul del cielo antes de que caiga la noche. El color de la luz se mide en grados Kelvin (k), y la variedad de colores lumínicos —muy extensa— figura en la tabla de la escala Kelvin de la página anterior.

LUZ FUERTE Y SUAVE

La dura luz azul de mitad de un día estival puede adecuarse estupendamente a la fotografía de edificios, como en este caso. Compare esta imagen con la suave luz de la pared de piedra de al lado.

MOMENTO Y LUGAR | COMPRENDER LA LUZ

Uno de los rasgos más importantes de la luz por lo que respecta al fotógrafo es que proyecta sombras, y estas pueden devenir elementos primordiales de la foto. De hecho, en ocasiones como esta, poca fotografía quedaría de no ser por las sombras, en este caso de las dunas, que definen la imagen.

La dirección de la luz ejerce un impacto significativo en el aspecto general de una fotografía y en la sensación que transmite. Piense en la ubicación de la luz con respecto a su situación a la hora de disparar y sus fotos se lo agradecerán.

Iluminación lateral

Gire noventa grados cuando se disponga a hacer la foto y tendrá el sol a un lado. Con este gesto tan simple abrirá inmediatamente una excitante puerta a la creatividad: donde antes había una escena plana y monótona, ahora encontrará zonas realzadas y sombras. Los objetos del primer plano se independizan así de los situados al fondo porque las sombras laterales enfatizan la distancia.

Iluminación cenital

De todos los tipos de iluminación, probablemente la menos satisfactoria sea la luz cenital. Se produce a mediodía en los días soleados de verano, cuando el sol se encuentra en su punto más alto. Las sombras son cortas, densas y apuntan abajo. Es mejor evitar esta clase de iluminación, especialmente en el retrato, donde puede provocar que aparezcan zonas oscuras bajo los ojos, la nariz y la barbilla.

LATERAL

La iluminación lateral resulta perfecta para retratos de carácter y, además, proyecta sombras muy evocativas.

La iluminación cenital es fuerte y dura, pero puede servir para cierta clase de temáticas, como este hombre que duerme en un banco en Bulgaria.

La luz oblicua que atraviesa las vidrieras suele llegar muy apagada, pero puede mostrar la riqueza de colores en su máxima expresión. Evite la luz solar directa y brillante cuando fotografíe temas así.

El éxito de la fotografía de exteriores depende del conocimiento de la luz y sus variaciones a lo largo del día, algo particularmente importante en la fotografía de paisajes.

Cómo varía la luz

La luz cambia en tres sentidos: dirección, calidad y color. Los días soleados, las variaciones de dirección son las más obvias. A primera hora de la mañana o a última hora de la tarde, el sol está bajo y la luz «araña» el paisaje destacando texturas y formas. A mediodía el sol está en lo más alto. Irradia una luz dura y nada interesante, por lo que muy pocos paisajistas fotografían a esa hora. La calidad de la luz —su dureza o suavidad— también varía considerablemente. Se nota en especial los días nublados, cuando la luz emana de todo el cielo y no de una dirección en particular.

Consejos sobre la luz

Los días nublados son los mejores para fotografiar al aire libre porque no se crean sombras muy marcadas. La luz también presenta una cualidad direccional que puede aprovecharse para potenciar las formas y los contornos. Busque zonas en semisombra bajo los árboles, por ejemplo, o junto a paredes o bajo el marco de una puerta. La luz cambia de color durante el día por la posición del sol y las peculiaridades atmosféricas.

TEMPERATURA DEL COLOR Y MOMENTO DEL DÍA

El color de la luz puede medirse como su «temperatura de color». Se mide en grados Kelvin o k.

Justo antes de que salga el sol: 10.000 grados Kelvin Típico color azul intenso.

Amanecer: 2.000-2.500 grados Kelvin El sol en el horizonte produce colores muy cálidos.

Mañana: 3.000-4.000 grados Kelvin A medida que el sol se alza, la temperatura del color se incrementa.

Mediodía: 5.500 grados Kelvin El sol alto produce colores neutros.

Cielo nublado: 7.500 grados Kelvin Con nubes, la temperatura del color se incrementa.

Sombra: 10.000 grados Kelvin La temperatura del color a la sombra durante un día soleado resulta extremadamente alta.

Sol de tarde: 3.000-4.000 grados Kelvin La luz se vuelve más cálida y se «enrojece».

Puesta de sol: 2.000-2.500 grados Kelvin La luz se encuentra en su momento «más rojo».

Con una buena luz y la exposición correcta, las puestas de sol pueden dar ocasión a imágenes evocativas y sorprendentes.

La calidez y suavidad del sol de la tarde permiten plasmar edificios de piedra en su mejor momento. La luz tenue realza los colores de la piedra y evita las sombras muy marcadas.

La luz varía a lo largo del día, pero también cambia con las estaciones. En invierno la luz de los días soleados tendrá una tonalidad más cálida. En primavera los días son más largos y el sol está más alto, pero el aire aún es frío, por lo que la luz resulta clara y fresca. En verano se obtienen fotos maravillosas al comienzo y al final del día. Con el otoño vuelven las temperaturas frías y un aire despejado y nítido.

La luz azul se extiende con más fuerza que la roja y, cuando el sol está bajo, atraviesa una capa más densa de atmósfera. La luz azul se difumina más y por eso a esa hora del día parece predominar la luz rojiza. Sin embargo, antes del amanecer y después de la puesta de sol, el color de la luz varía drásticamente, volviéndose más azulada. Los días nublados, cuando la luz posee un tono más frío durante todo el día, cuesta más apreciar las variaciones en el color de la luz. Por eso muchos fotógrafos paisajistas o retratistas de exteriores utilizan filtros de corrección del color para otorgar calidez a sus fotografías.

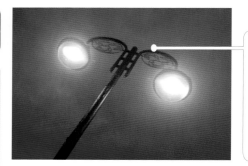

Acercarse a la luz facilita mantener una velocidad de obturación que evita fotos movidas, y si se incluye la fuente de luz, es aún más sencillo.

Luz menguante

Cuando comienza a decaer el nivel lumínico, la mayoría de los fotógrafos activan el estabilizador de imagen y el flash para evitar que las fotos salgan movidas. Pero puede resultar una experiencia desalentadora. El problema de usar el flash es que elimina la atmósfera que nos impulsó a sacar la foto. Este dilema puede surgir en cualquier situación, pero afortunadamente existen maneras de seguir aprovechando la luz natural sin verse obligado a recurrir al flash.

Apoye la cámara

Si apoya la cámara, podrá bajar la velocidad del obturador hasta niveles que de otro modo producirían imágenes movidas. Generalmente no se recomienda sostener la cámara con las manos por debajo de 1/60 seg. con un zoom normal o 1/250 seg. con un teleobjetivo. Sin embargo, si se planta firmemente, podrá disparar a 1/15 seg. o 1/60 seg., respectivamente. Con todo, debe sujetar fuerte la cámara para que no se mueva. Acerque los codos

al cuerpo y exhale antes de disparar con suavidad. Suele ser preferible echar primero un vistazo para encontrar un lugar donde apoyar la cámara, como una pared, una mesa o cualquier superficie plana. Cuando sea posible, utilice un trípode y podrá escoger la velocidad del obturador que quiera sin temor a una pérdida de nitidez o un movimiento involuntario.

VELOCIDAD DE LA PELÍCULA

Incrementar el ISO para que el sensor se muestre más sensible a la luz le permitirá continuar fotografiando cuando baje la intensidad lumínica. Si generalmente dispara a ISO100, puede llegar a ISO200 o incluso a ISO400, en la mayoría de los casos sin perder calidad. Pero si va más allá, hasta un ISO800, ISO1.600 o incluso ISO3.200, que son, respectivamente, el doble, el triple y el cuádruple de sensibles, obtendrá fotos menos nítidas, con menos riqueza de color y menos detalle.

La iluminación de los escenarios puede crear ambientes muy interesantes que se perderían si usase el flash. El aumento a ISO800 crea una imagen un tanto suave, pero más que aceptable.

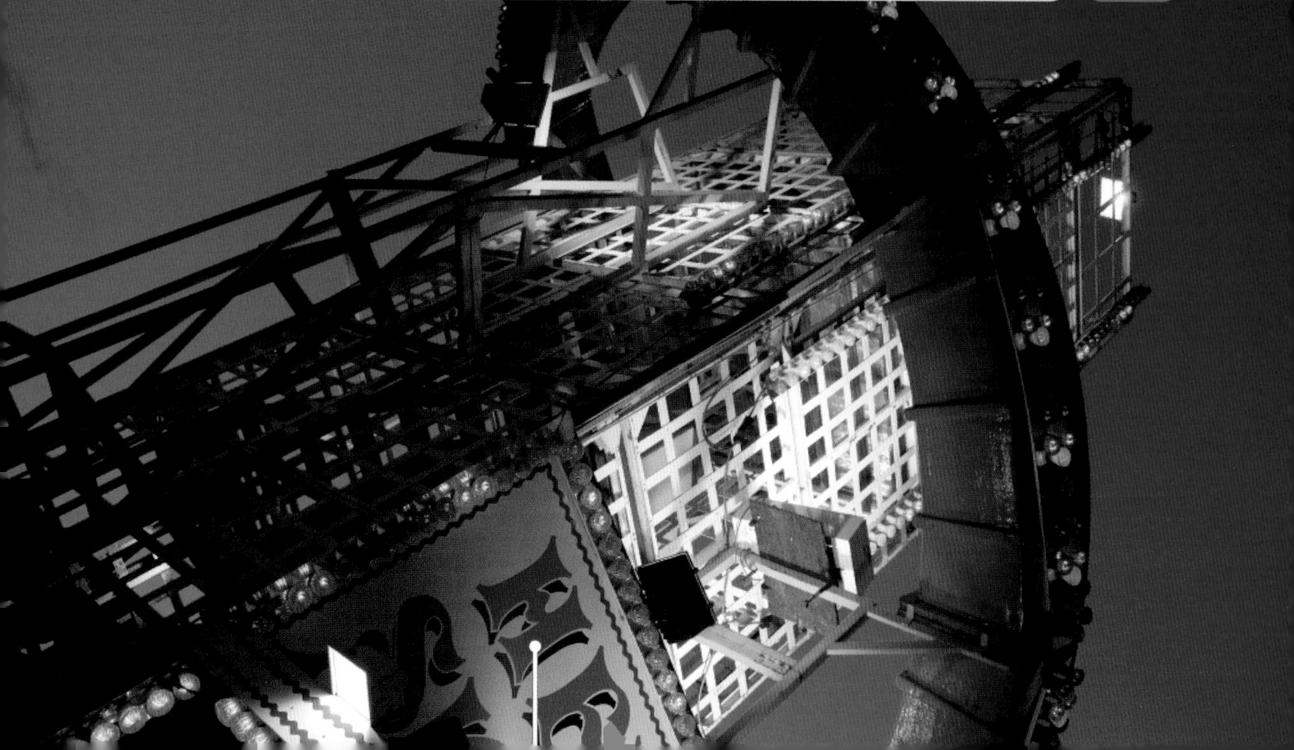

Fotografiar de noche es fácil y los resultados pueden ser espectaculares. Solo necesita una cámara con exposiciones expresadas en segundos y un trípode que evite que las fotos salgan movidas.

Fotografía nocturna

El mejor momento es justo tras la puesta de sol, cuando aún hay color en el cielo. Durante el crepúsculo también resulta sencillo obtener una exposición equilibrada. Si espera a que sea noche cerrada, la gama de contrastes será demasiado amplia y correrá el riesgo de sobreexposición si confía solo en la capacidad de la cámara. Tenga en cuenta el balance de blancos. Parte del encanto de la fotografía nocturna radica en la intensidad de las diversas luces de colores. Pero los sistemas automáticos de balance de blancos «compensan» al llegar a ofrecer fotos planas. La mayoría de las veces deberá colocar el balance de blancos en la posición de luz diurna para que los edificios iluminados con luz artificial aparezcan con el brillo cálido y anaranjado que observamos a simple vista.

Con su variedad de luces brillantes, las ferias constituyen un gran lugar para practicar la fotografía nocturna. Si dispara una hora después del crepúsculo, el cielo será de un rico color azul en lugar de negro.

Los carteles de neón forman parte de la mayoría de las grandes ciudades. Tenga en cuenta la exposición, ya que las zonas oscuras de alrededor pueden desvirtuar la luz.

Si desea captar la arquitectura de una ciudad en su mejor momento, intente fotografiar los edificios emblemáticos mientras se pone el sol. Un punto elevado alejado del centro le ofrecerá las mejores vistas.

Como vivimos rodeados de color, generalmente no le prestamos atención. Es una auténtica pena, porque una de las formas más sencillas de conseguir fotografías impactantes consiste en mejorar el uso que hacemos del color.

El valor del color

El color es una de las herramientas compositivas más valiosas que tiene a su disposición puesto que, aparte de determinar el ambiente general de la foto, le permite decidir dónde poner el énfasis.

El amarillo, el naranja y el rojo combinan bien juntos, al igual que el verde, el azul y el morado. Hay escenas relajantes y tranquilizadoras compuestas por colores armónicos en todas partes; es cuestión de buscarlas.

Los colores que contrastan entre sí crean una sensación mucho más dinámica y una mayor tensión visual que los que armonizan. Por ejemplo, si combina el rojo con el azul, o el verde con el rosa, generará un contraste dinámico que llamará la atención.

Colores individuales

Los psicólogos han investigado en profundidad los efectos emocionales del color y actualmente conocen las reacciones de las personas ante cada tonalidad.

Los tres colores primarios —rojo, azul y verde— son especialmente poderosos y aportan energía

ESCOJA COLORES

¿Busca el secreto del éxito en la fotografía? Basta con que escoja temas de colores fuertes y brillantes y los encuadre de cerca. En la mayoría de los casos, cuantos más colores aparezcan, mejor, y cuanto más vibrantes y fuertes, más posibilidades tendrá de obtener un buen resultado.

En algunas fotos predomina un solo color. La paleta limitada de estas imágenes «monocromáticas» tiñe la foto de un atractivo único.

e impacto a la imagen. El rojo es el color más fuerte y puede dominar una foto aunque solo ocupe una pequeña zona de la misma. Además de llamar la atención por sí solos, el azul y el verde también funcionan extremadamente bien como fondo, ya que son colores que «se alejan». Para obtener resultados óptimos, fotografíe con luz fuerte y brillante.

Debe tener presente la diferencia entre colores «cálidos» y colores «fríos», pues determinan en gran medida la atmósfera de una fotografía. Los colores cálidos —amarillo, naranja y rojo— crean una sensación positiva y animada, mientras que los colores fríos —azul, cian y verde— tienen un efecto más tranquilizador.

En ocasiones el color por sí solo consigue que la foto más sencilla destaque por derecho propio. Las vivas y brillantes barras y estrellas de la bandera estadounidense contrastan claramente con el azul perfecto del cielo en la imagen superior.

El éxito de esta fotografía radica en el detalle rojo que aporta una única amapola, aunque la imagen incluye también interesantes contrastes de textura.

En esta fotografía de unas flores lilas, los colores fuertes están acentuados por los detalles amarillos del centro de las flores combinados con la perspectiva borrosa del fondo desdibujado.

Los pintores cuentan con una ventaja importante frente a los fotógrafos a la hora de componer una imagen. Su lienzo está vacío y, por tanto, pueden situar elementos más o menos a voluntad, llegando incluso a excluir algunos si lo creen necesario.

Selección de una escena

Desgraciadamente, usted no goza de la misma libertad. Su lienzo ya está lleno, por lo que a la hora de crear una composición adecuada, antes ha de decidir qué parte de la escena desea captar y, después, situar los elementos que contenga de tal modo que el resultado conforme un todo visualmente satisfactorio.

Una buena composición fotográfica debería ser como una buena historia, con un principio que capte nuestra atención, una parte central que la mantenga y un final que lleve la historia a una conclusión satisfactoria.

Para lograrlo, dispone de diversas herramientas. Los objetivos le ayudan

ELEGIR LA COMPOSICIÓN

Solo usted decide la composición, así que asegúrese de que sea interesante. Pasee por las calles con los ojos y la mente abiertos; a ver con qué se encuentra.

a controlar si la escena contendrá mucha o poca información. La elección del punto de vista y el uso de la perspectiva afectan a la apariencia del sujeto. La calidad de la luz también puede usarse de forma creativa porque influye sobre el modo en que la textura, la forma, el tono y el color quedan definidos en la escena.

Sin embargo, en última instancia la buena composición consiste en ver

Piense detenidamente cómo disponer los diversos elementos de la fotografía antes de disparar. En la imagen de la izquierda, las curvas del edificio están situadas de tal modo que guían la vista del observador hacia el fondo.

EL AJUSTE DE IMAGEN CREA SENSACIÓN DE PROFUNDIDAD.

Cómo sostener la cámara

El modo de sostener la cámara es vital para componer una fotografía. En el caso de las compactas digitales con una pantalla posterior LCD en vez de un visor, debe sostener la cámara nivelada con ambas manos, con los brazos parcialmente extendidos y los codos ligeramente hacia fuera para ver la pantalla mientras hace la foto (*véase* foto inferior). Las cámaras SLR captan la imagen directamente a través de la lente, por lo que aquello que ve a través del visor será lo que captará al hacer la foto, así que acérquesela a la cara (*véase* imagen superior).

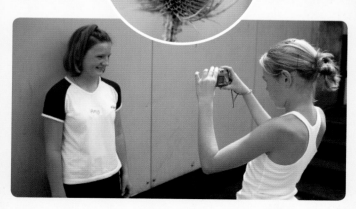

Puede crear una composición dinámica situando el sujeto en diagonal. En este caso, el ángulo de la flecha blanca crea una sensación de inmediatez mayor que si se hubiese fotografiado de frente.

y observar. Se trata de tomar decisiones visuales y dejarse guiar por su propia mirada para que las fotografías que saque sean únicas según su punto de vista y, no obstante, también resulten atractivas para los demás.

Nada sustituye a la experiencia, y con el tiempo descubrirá que comienza a tomar decisiones instintivas respecto a la mejor manera de organizar una foto. Sin embargo, al principio se recomienda seguir una serie de técnicas probadas y demostradas, como, entre otras, dividir la imagen para asegurarse de que tiene un punto focal.

Las páginas siguientes explican con cierto detalle los principios de la composición. Recuerde que a menudo podrá sacar buenas fotos limitándose a disparar lo que tenga delante, pero una gran foto exige una composición correcta.

Aprovechar las formas que se encuentran de manera natural confiere a la imagen estructura y concreción. Formas simples como las de los huevos pueden dar lugar a una imagen llamativa cuando se reúnen varios en un cuenco redondo, como en la fotografía inferior.

EL MARCO COMO EFECTO

Enmarcar el sujeto da sensación de profundidad. En este caso, se imbuye a un edificio ya de por sí grandioso y señorial de mayor poder visual al colocar deliberadamente un arco oscuro que lo enmarca en primer plano.

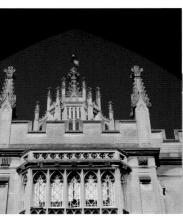

La división de la imagen por zonas determinará en gran medida el impacto que producirá la foto y la forma en que la «leerá» el espectador, aunque este no sea consciente mientras la mira.

Pruebe encuadres diferentes

Por ejemplo, si se sitúa la línea del horizonte baja (*véase* debajo a la izquierda), se refuerza la sensación de amplitud y de espacio abierto. Esta técnica funciona cuando el cielo llama la atención, como los cielos aborregados del amanecer o el anochecer. Por otro lado, si se sitúa la línea del horizonte alta (*véase* debajo a la derecha), se realza el primer plano de la foto y se destacan los detalles más próximos a la cámara, de modo que casi todas las líneas atraen la mirada hacia la foto o hacia los objetos del primer plano para proporcionar sentido de la perspectiva y de la escala. Situar la línea del horizonte en el centro de la imagen para que esta quede dividida en dos no suele considerarse una buena idea porque la imagen tiende a resultar aburrida.

Lo más importante en la fotografía de paisajes es no incluir demasiados detalles. Ante una extensión de terreno grande e impactante, quizá sienta la tentación de disparar sin más. Sin embargo, si incluye muchos detalles en la imagen, esta pierde fuerza. Por tanto, comience decidiendo qué es lo que le llama la atención de la escena. Quizá se trate del modo en que la luz incide sobre unas colinas o del patrón que crea una pared de piedra.

EFECTIVIDAD DE UN BUEN ENCUADRE

Las tres imágenes de estas páginas muestran algunas opciones de fotografía paisajística.

- Encuadrar el horizonte en el centro de la imagen produce una foto equilibrada, pero carente de interés.
- Si sitúa el horizonte más abajo para reforzar el cielo, creará un efecto más dramático.
- Si limita la zona de cielo, centrará la atención en el primer plano, pero la foto resultará algo extraña.
- Probablemente el mejor encuadre quede ilustrado por la imagen inferior, donde el claro punto focal —el árbol situado del horizonte— equilibra el dramático cielo y un primer plano algo más prosaico.

Las características físicas de la escena también sirven para dividir el encuadre. Un árbol o la esquina de un edificio pueden separar perfectamente una zona de la imagen, impidiéndole ver más allá.

La mayoría de las fotos deberían presentar un punto focal de interés. Este tiene dos funciones importantes: en primer lugar, es el elemento de la composición hacia el que dirige la mirada el observador y en el que fija la atención una vez ha inspeccionado toda la imagen; en segundo lugar, añade sensación de profundidad y de escala a la composición.

El punto focal ideal

Si fotografía un paisaje en el que aparece un tractor echando humo en el fondo, este tractor se convertirá en el punto focal porque la vista se dirigirá hacia él de manera natural. Lo mismo ocurre cuando fotografía un paisaje marino con un faro en la distancia, una extensión de terreno con un granero o un acantilado con un alpinista suspendido a media altura.

El punto focal no ha de tener un gran tamaño para llevar a cabo su cometido, basta con que se vea. Para ello puede resultar útil el color. Un simple punto brillante, sobre todo si es rojo, llama la atención.

La niña, su retrato, los dibujos alrededor del sujeto principal: esta imagen presenta diversos puntos de interés que impiden que la vista del observador se detenga en uno de ellos.

Ubicar el elemento principal de la fotografía en el centro de la misma crea un punto focal claro y poderoso, pero asegúrese de que es lo bastante grande para resaltar.

En esta foto la cara del ciclista se ha situado cuidadosamente según la regla de los tercios, creando una composición agradable y equilibrada. El ciclista se mueve de izquierda a derecha.

DE LOS TERCIOS

El recurso compositivo más común es la regla de los tercios. Consiste en dividir la imagen mediante una rejilla de nueve segmentos de igual tamaño utilizando líneas verticales y horizontales imaginarias (*véase* imagen derecha). Hay que situar el punto focal en una de las cuatro intersecciones creadas por dichas líneas para que se encuentre a un tercio del lateral de la imagen y a un tercio de la zona inferior o superior, equilibrando así la imagen.

El lugar en que se sitúa para hacer las fotos causa un profundo impacto en el resultado final. A medida que vaya ganando experiencia como fotógrafo, ¿por qué no prueba puntos de vista inusuales y dispara desde ángulos fuera de lo común?

Muévase para encontrar mejores ángulos

Cuando se encuentre con un sujeto interesante, no se limite a disparar desde donde esté. Rara vez se topará con el mejor punto de vista en cuanto llegue a una localización. Así que pase unos minutos explorándola desde cada posición: lo más probable es que encuentre uno mejor. Cuanto más tiempo pase buscando puntos de vista alternativos y distintos ángulos de cámara, mejores serán las fotos resultantes. Moverse un poco a derecha o izquierda, adelante o atrás, altera la perspectiva y puede mejorar notablemente la foto, sobre todo en el caso de sujetos grandes.

ÁNGULOS

Cuando realice retratos, evite hacer lo de siempre, pruebe algo nuevo. Si coloca al modelo varios pisos más abajo que usted, creará una nueva perspectiva.

Tres días paseando alrededor de esta mezquita a diversas horas del día —y variando los objetivos— dieron como resultado una amplia gama de perspectivas y tratamientos.

Existen diversas maneras de crear sensación de profundidad en una fotografía. Uno de los métodos más rápidos y sencillos consiste en encontrar o en situar algo en primer plano que «enmarque» al sujeto principal.

Encontrar un marco

Se pueden utilizar diversas formas a modo de marco. Eche un vistazo y descubrirá que abundan los elementos naturales que crean profundidad. Uno de los más comunes, ya sea en el campo o en la ciudad, es la parte sobresaliente de un árbol. Este recurso sirve para enmarcar diversas temáticas, desde paisajes hasta edificios o retratos. Basta con situar una rama en la zona vacía del cielo de la parte superior del encuadre y la foto mejorará al instante.

En ciudades y pueblos, podrá elegir entre diversas estructuras creadas por el hombre. Los arcos no solo abundan, sobre todo cerca de construcciones antiguas como catedrales o casas señoriales, sino que suelen quedar muy elegantes. Las verjas, e incluso las entradas más anodinas, funcionan igual de bien. De hecho, con imaginación, prácticamente cualquier forma interesante, sea vertical u horizontal, puede enmarcar una fotografía.

HACER TRAMPAS

Cuando no encuentre un marco adecuado, puede hacer trampas. Por ejemplo, cuando fotografíe una urbanización de reciente construcción en la que los árboles aún no han crecido, pude llevar consigo una rama cortada de un árbol. Si la sostiene ante la cámara, podrá enmarcar a voluntad.

Las ramas colgantes de la palmera en la esquina de la imagen varían considerablemente el resultado. Cubra la palmera con la mano y observará cuánto pierde la composición sin ella. Esta foto se tomó en Niza, en el sur de Francia.

Los arcos enmarcan a la perfección edificios lejanos. A veces la profundidad de campo hace, como en esta foto, que el primer plano quede desenfocado, pero ello realza la imagen.

No hay nada como servirse de las líneas para añadir profundidad y dinamismo a una fotografía. Aparte de crear una poderosa sensación de dirección, guían la vista por la foto para que el observador vaya asimilando cada elemento.

Detectar líneas

Si presta atención, comenzará a ver líneas por todas partes —carreteras, vallas, ríos, hileras de casas o de coches aparcados— y será capaz de aprovecharlas para mejorar la composición de sus imágenes.

Las líneas horizontales dividen el encuadre y producen un efecto tranquilizador porque imitan al horizonte. La vista generalmente se desplaza de izquierda a derecha, es decir, en el sentido de la lectura.

Como se elevan, las líneas verticales resultan mucho más activas y, por tanto, otorgan a la imagen una potente sensación de estructura. También en este caso le resultará fácil encontrar un tema. La mayoría de los edificios poseen poderosas líneas verticales, igual que los árboles, las rocas y demás estructuras naturales.

DIAGONALES

Las líneas diagonales son las más dinámicas de todas. Contrastan poderosamente con los elementos horizontales y verticales, y guían la vista por toda la escena. Las líneas que se desplazan desde el margen inferior izquierdo hacia el margen superior derecho son las más poderosas. Aunque existen gran cantidad de sujetos formados por líneas diagonales, una manera de crearlos consiste en inclinar levemente la cámara. No exagere la inclinación, ya que el resultado final parecería un error.

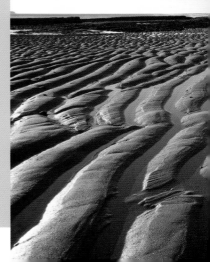

Las líneas diagonales siempre resultan dinámicas, y para crearlas a veces basta con inclinar la cámara 45°. Este sistema añade dramatismo y tensión a la foto.

Gracias a un punto de vista bajo y a la utilización de un gran angular, las líneas de este paisaje guían la vista hacia el castillo situado al fondo.

Esta foto de unos rodillos presenta multitud de líneas distintas. Sin embargo, dado que la foto carece de un único centro de interés, la vista no reposa en ningún punto concreto.

MOMENTO Y LUGAR | USAR LÍNEAS

Las formas pueden ayudar a la composición fotográfica, aportando orden y estructura a lo que de otro modo podría quedar reducido a una recopilación de elementos aleatorios dentro de una fotografía.

Prestar atención a las formas

Vivimos en un mundo compuesto por formas: el sol es redondo; los retratos familiares a menudo forman un triángulo con los padres en medio y los hijos a los lados, y las casas son cuadradas o rectangulares.

Damos estas formas por sentadas y generalmente no somos conscientes de su existencia, pero también sirven para mejorar nuestras composiciones fotográficas. Estudiando los diversos elementos que conforman la escena y organizándolos efectivamente, nuestras fotos producirán un mayor impacto.

Las formas pueden ser reales o estar insinuadas. Un tejado podría ser triangular, y una cara, ovalada. Esté atento a los sujetos que le proporcionen formas naturales y tendrá hecho gran parte del trabajo compositivo. Las formas insinuadas dependen del modo en que los elementos de la imagen se relacionan entre sí. Por ejemplo, en el retrato, si su sujeto apoya la barbilla sobre las manos, sus brazos forman un triángulo.

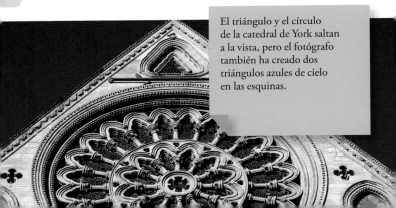

El triángulo y el círculo de la catedral de York saltan a la vista, pero el fotógrafo también ha creado dos triángulos azules de cielo en las esquinas.

El interés de esta imagen radica en el modo en que las diversas líneas —el horizonte y el muro— dividen la composición. En la parte superior destaca el rectángulo del cielo, y en la zona inferior, bajo el horizonte, el muro crea dos triángulos separados.

El gran sombrero negro de esta mujer enmarca a la perfección la forma elíptica de su cara, mientras que los ojos y la sonrisa crean un poderoso triángulo.

MOMENTO Y LUGAR | USAR FORMAS

4

TÉCNICAS

Fotografiar es fácil. Pero obtener fotografías impactantes que capten la atención y transmitan con fuerza es más complicado. Ha de ser capaz de crear composiciones interesantes y de utilizar la luz con efectividad. Algunos fotógrafos lo hacen de forma natural. Otros necesitan aprender. Sin embargo, basta con dominar una serie de técnicas para mejorar los resultados fotográficos.

Acertar con la cantidad de luz para obtener una exposición correcta es como llenar el depósito de combustible de un coche. Del mismo modo que un coche no funcionará adecuadamente si no se llena su depósito con la sustancia correcta, una exposición fracasará si sobra o falta luz o si esta no es la más indicada.

Esta imagen recibe la cantidad justa de luz, toda ella proveniente del cálido brillo de las velas de la tarta.

Ajustes de abertura de la lente y velocidades del obturador

Cada vez que saca una fotografía debe utilizar una abertura de la lente (f/stop) y una velocidad de obturación para controlar la luz que realiza la exposición; con la abertura decide la cantidad de luz admitida y, con la velocidad del obturador, el tiempo que se admite dicha luz.

Básicamente, cada vez que coloca la abertura de la lente en el valor más alto de f/ en la escala —por ejemplo, de f/11 a f/16—, reduce a la mitad el tamaño de la abertura y, por tanto, también la cantidad de luz admitida.

Y a la inversa, si aproxima la abertura a los números más bajos de la escala f/, de f/5.6 a f/8, por ejemplo, dobla el tamaño de la abertura y la cantidad de luz admitida.

El mismo principio se aplica a la velocidad del obturador. Cada vez que dobla el valor —pasa de 1/60 segundos a 1/125 segundos, por ejemplo—, divide por la mitad la cantidad de tiempo que el obturador permanece abierto. Y si divide la velocidad de obturación a la mitad —pasa de 1/30 segundos a 1/15 segundos, por ejemplo—, doblará la cantidad de tiempo que el obturador permanece abierto.

LA MEJOR ILUMINACIÓN

La sobreexposición y la subexposición producen imágenes demasiado oscuras o demasiado claras. Las imágenes de esta página son cuatro versiones de la misma fotografía tomadas con distintas exposiciones. La versión de la derecha muestra la exposición correcta, mientras que las que la rodean corresponden a diversas exposiciones «incorrectas».

La versión del margen superior izquierdo se realizó con -1 stop. Por tanto, la imagen está subexpuesta y resulta demasiado oscura. La fotografía del margen superior derecho se realizó con -2 stops. El resultado es aún más oscuro y subexpuesto. Si se opta por una exposición de +1 stop (debajo a la derecha), la imagen quedará sobreexpuesta, esto es, demasiado iluminada.

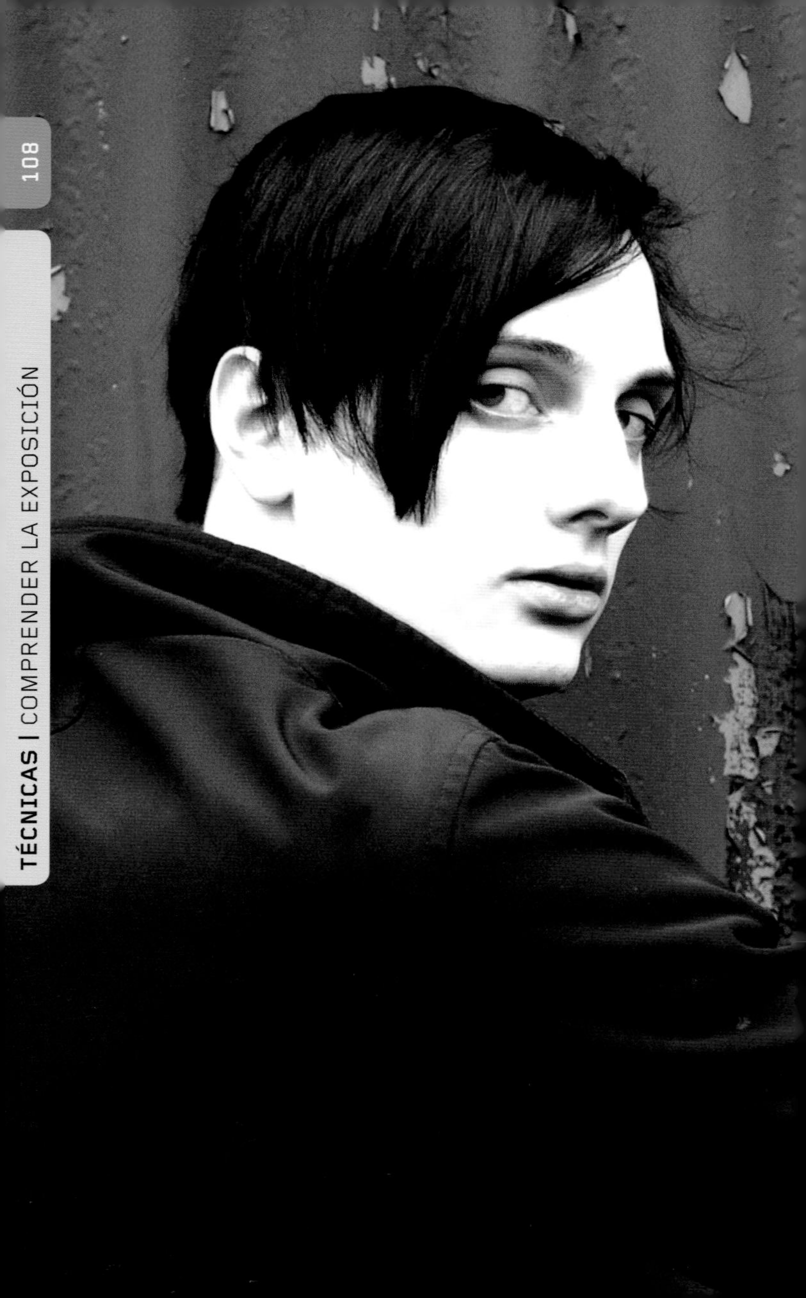

Las unidades creadas al ajustar la abertura y la velocidad del obturador se llaman «stops». Un stop equivale a duplicar o dividir por la mitad la exposición, y se logra ajustando la abertura, la velocidad de obturación o ambas cosas. Para comprender la relación entre ambos tipos de ajuste, imagine que está llenando de gasolina el depósito del coche. La cantidad de combustible requerida (exposición correcta) se suministra por la abertura de la válvula de la manguera (abertura de la lente) durante cierto tiempo (velocidad del obturador). Tanto si la válvula de la manguera es pequeña y tarda en repostar como si es grande y el depósito se llena enseguida, los litros de combustible necesarios no varían. En fotografía se aplica el mismo principio.

Además de ayudarle a conseguir una exposición correcta, la velocidad de obturación de su cámara también controla la forma en que se graba el movimiento. Las velocidades rápidas congelan el momento y las lentas recogen un emborronamiento que puede resultar muy efectivo. Ha de tener en cuenta asimismo que la foto puede salir movida si sostiene con las manos una cámara con una velocidad de obturación muy lenta, lo que provocaría un emborronamiento no deseado.

Evitar fotos movidas

Para evitarlo, asegúrese de que la velocidad del obturador al menos iguala la distancia focal de la lente: 1/60 segundos para 50 mm, 1/250 segundos para 200 mm, etc.; aunque lo más importante es que usted esté quieto.

Congelar sujetos en movimiento

Si desea congelar la imagen de un sujeto en movimiento, debe tener en cuenta tres factores importantes: la velocidad a la que se desplaza el sujeto, la distancia a la que se encuentra de la cámara y la dirección en la que se desplaza en relación con la cámara.

VELOCIDADES MÁS LARGAS

Para fotografía general con un zoom normal, escoja una velocidad de obturador de 1/125 o 1/250 segundos (*véase* foto izquierda). Cuando haya mucha luz sacará el máximo partido de las velocidades más altas de su cámara para los detalles (*véase* fotografía superior).

SUJETO	A ENCUANDRE COMPLETO	A MEDIO ENCUADRE	DE FRENTE
Corredor	1/250 seg	1/125 seg	1/60 seg
Velocista	1/500 seg	1/250 seg	1/125 seg
Ciclista	1/500 seg	1/250 seg	1/125 seg
Caballo al trote	1/250 seg	1/125 seg	1/60 seg
Caballo al galope	1/1.000 seg	1/500 seg	1/250 seg
Servicio de tenis	1/1.000 seg	1/500 seg	1/250 seg
Coche a 65 km/h	1/500 seg	1/250 seg	1/125 seg
Coche a 110 km/h	1/1.000 seg	1/500 seg	1/250 seg
Tren	1/2.000 seg	1/1.000 seg	1/500 seg

Si su sujeto se acerca de frente, por ejemplo, podrá congelarlo con una velocidad de obturación más lenta que si cruza su campo de visión. Por tanto, para congelar un sujeto que ocupe totalmente el encuadre, necesitará una velocidad mayor que para uno que solo ocupe parte del mismo. Para captar a la mayoría de los sujetos en movimiento, basta con una velocidad de obturador de 1/1.000 o 1/2.000 segundos. Desgraciadamente, los niveles lumínicos no siempre permiten la utilización de estas elevadas velocidades aunque la lente se encuentre en su máxima abertura, por lo que deberá tener en cuenta la tabla superior a modo de guía.

Otras opciones

Sin embargo, la velocidad de obturación rápida no siempre es la mejor opción porque la imagen congelada puede perder dinamismo. No tenga reparo a la hora de escoger una velocidad más lenta y generar intencionadamente cierto emborronamiento.

Cuando utilice un teleobjetivo para fotografiar sujetos lejanos, como el de esta instantánea tomada con una lente de 400 mm, necesitará una velocidad de obturación alta.

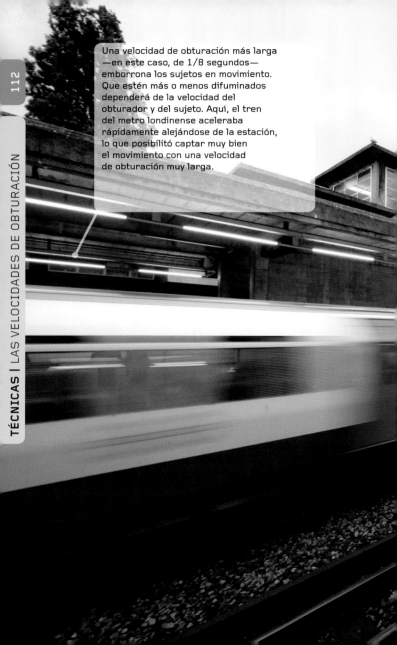

Una velocidad de obturación más larga
—en este caso, de 1/8 segundos—
emborrona los sujetos en movimiento.
Que estén más o menos difuminados
dependerá de la velocidad del
obturador y del sujeto. Aquí, el tren
del metro londinense aceleraba
rápidamente alejándose de la estación,
lo que posibilitó captar muy bien
el movimiento con una velocidad
de obturación muy larga.

TÉCNICAS | LAS VELOCIDADES DE OBTURACIÓN

Básicamente, la abertura es un orificio de la lente formado por hojas metálicas y conocido como diafragma o iris. Cuando se pulsa el disparador para hacer una foto, estas hojas se cierran en el momento de la exposición para formar un agujero por el que pasa la luz. El tamaño exacto de este agujero lo indica el valor f/ que haya seleccionado en el objetivo: cuanto mayor sea, más luz entrará.

Valores de f/

Los valores de f/ siguen idéntica secuencia en todos los objetivos. Una secuencia estándar de valores de f/ o de escala de abertura en una lente corriente sería la siguiente: f/2.8, f/4, f/5.6, f/8, f/11, f/16 y f/22. Cuanto menor sea el número, mayor será la abertura, y viceversa.

Selección de una abertura

¿Qué abertura debe usar? Depende de qué imagen desee obtener. Si busca congelar un sujeto en movimiento, ha de escoger una gran abertura, como f/4, para que la lente

UN CONSEJO

Debe tener presente que los valores de f/ son idénticos independientemente de la distancia focal de la lente: f/8 es igual en un objetivo de 50 mm que en uno de 600 mm.

admita mucha luz y la cámara pueda seleccionar una alta velocidad de obturación. Del mismo modo, si quiere utilizar una exposición larga, escoja una abertura pequeña, como f/16 o f/22, y podrá utilizar una velocidad de obturador más lenta.

Seleccionar la mayor abertura posible —en este caso, de f/2.8 en un teleobjetivo de 70-300 mm— confiere volumen al sombrero.

La abertura de la lente
también ayuda a controlar
qué zonas de la foto saldrán
nítidas o desenfocadas.
Esta «zona» de enfoque
nítido se denomina
«profundidad de campo»
(*véase* página 116).

Siempre que hace una foto, también sale enfocada una zona situada delante y detrás del punto de enfoque que ha escogido. Esa zona se denomina profundidad de campo y constituye una de las variables más importantes de la fotografía porque le permite controlar qué quedará enfocado y desenfocado en el resultado final.

Existen tres factores básicos que determinan la profundidad de campo de una fotografía. En primer lugar, cuanto menor sea la abertura de la lente (el valor de f/ más alto), mayor profundidad de campo, y viceversa. En segundo lugar, cuanto menor sea la distancia focal (más abarque la lente), mayor profundidad de campo con independencia de la abertura. En tercer lugar, cuanto más alejado de la cámara se encuentre el punto de enfoque, mayor profundidad de campo sea cual sea la lente o la abertura seleccionada. Para comprobar la profundidad de campo, muchas cámaras incorporan la función de visualización previa de *stop-down,* que indica qué saldrá enfocado en la foto.

+ PROFUNDIDAD

Si desea lograr la mayor profundidad de campo posible para que salga enfocado, del primer plano al infinito —por ejemplo, cuando fotografíe un paisaje—, use un gran angular de 28mm o de 24 mm y seleccione una abertura pequeña.

– PROFUNDIDAD

Si desea una profundidad de campo mínima —prácticamente solo quedará nítido el punto de enfoque elegido—, utilice un teleobjetivo de unos 200 mm o 300 mm con una abertura grande de f/4 o f/5.6.

Las aberturas grandes (f/2.8, f/4, etcétera) crean una profundidad de campo mínima (*véanse* las dos imágenes superiores), mientras que las aberturas más pequeñas (f/11, f/16, etc.) crean una gran profundidad de campo (*véanse* las dos imágenes inferiores). En las dos imágenes centrales se aprecia una profundidad de campo intermedia.

La función del sistema de medición de su cámara consiste en generar imágenes con una exposición correcta, pero puede lograrlo mediante diversos «patrones» de medición. Estos patrones varían la forma en que la cámara mide el nivel de luz para determinar la exposición correcta, y unos son más exactos que otros.

Patrones de medición

Existen diversos patrones de medición que el fotógrafo puede escoger. Estos patrones van desde la medición ponderada central —sistema estándar de medición de las cámaras— hasta mediciones «inteligentes» como la «matricial» y la «evaluativa», que son los sistemas más sofisticados de que se dispone y facilitan la correcta exposición de las fotos. La medición parcial/selectiva controla el brillo y la oscuridad de zonas específicas de la imagen; la medición puntual interpreta datos de medición de zonas muy pequeñas de la escena, y la medición multipunto permite la interpretación de diversos puntos de la escena para obtener la mejor exposición posible cada vez.

MEDICIONES

Las mediciones puntual y parcial sirven cuando el sujeto principal es más oscuro o más claro que el fondo. Sea preciso al realizar una medición y se asegurará de exponer las partes más importantes de la imagen de forma adecuada.

USO DEL AE LOCK

El bloqueo de exposición automática o AE lock permite tomar una medida y conservarla, aunque se varíe la posición de la cámara. Por ejemplo, al fotografiar un paisaje, puede inclinar la cámara para evitar el cielo, que podría causar una subexposición, y luego utilizar el AE lock para memorizar la medición mientras compone la foto de otra manera. Le resultará una función útil cuando desee tomarse su tiempo meditando la composición y calculándolo todo a la perfección antes de disparar.

Los tradicionales patrones centrales ponderados ponen el énfasis, como su nombre indica, en el centro de la imagen. Funcionan bien con sujetos estándar como un paisaje, pero una imagen con una variedad de tonos desigual puede confundirlos.

Sujetos claros

Por muy sofisticados que sean los fotómetros de las cámaras, no son capaces de distinguir entre iluminación brillante y sujetos intrínsecamente brillantes. Para reproducir sujetos blancos, como trajes de novia o nieve, ha de incrementar la exposición que la cámara selecciona automáticamente.

Sujetos oscuros

Lo mismo ocurre con los sujetos oscuros, aunque abundan menos. La cámara deduce que los sujetos son oscuros debido a falta de luz e incrementa la exposición. Debemos reducir la exposición para que los sujetos oscuros aparezcan como tales y no en el tono grisáceo que reproducen los fotómetros.

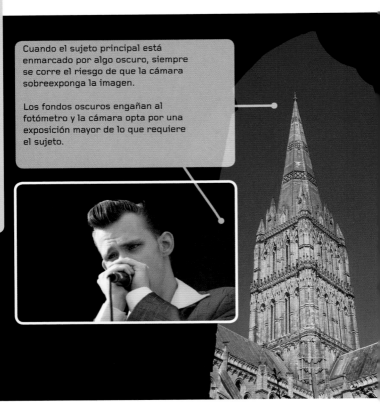

Cuando el sujeto principal está enmarcado por algo oscuro, siempre se corre el riesgo de que la cámara sobreexponga la imagen.

Los fondos oscuros engañan al fotómetro y la cámara opta por una exposición mayor de lo que requiere el sujeto.

AUMENTAR LA EXPOSICIÓN

Cuando parte del sujeto está a la sombra, como la cruz de esta imagen, debe aumentar la exposición para evitar que una fotografía salga demasiado oscura.

Cuando aparece una zona de cielo amplia en una imagen o el fondo es luminoso, asegúrese de que el fotómetro no subexponga la fotografía.

La manera en que la cámara ajusta la exposición de la imagen depende del modo de exposición que usted seleccione. Las cámaras SLR modernas suelen ofrecer cuatro modos principales; aunque todos persiguen una exposición correcta, varía el grado de control que el fotógrafo puede ejercer sobre la abertura y la velocidad del obturador.

Modo Programa

Algunas cámaras incorporan la función de selección de programa, que permite adoptar la combinación de abertura y velocidad del obturador predeterminada para cada tema. Es un modo ideal para principiantes.

AE Prioridad a la abertura (Modo Av)

Con este modo semiautomático, usted escoge la abertura de la lente (f/número) y la cámara selecciona la óptima velocidad del obturador, que generalmente figura en el visor y en la pantalla LCD superior para que usted compruebe qué modo ha seleccionado.

El modo de prioridad a la abertura es el más versátil para uso general. Le permite controlar la profundidad de campo, ya que usted escoge la abertura de la lente.

Fotografiar hacia la luz siempre garantiza resultados impactantes. Sin embargo, se corre el riesgo de subexponer la imagen, ya que el sensor puede considerar que el sujeto recibe más luz de la que realmente incide sobre él. Por eso quizá deba compensar la cantidad de exposición.

El modo de prioridad a la abertura le permite escoger la abertura mientras la cámara ajusta la velocidad de obturación correspondiente.

AE Prioridad al obturador (Modo Tv)

Este modo es muy similar al anterior, pero, como ya habrá adivinado, usted elige la velocidad del obturador y la cámara selecciona la abertura adecuada. Resulta apropiado para fotografía de acción o deportiva, cuando es más importante controlar la velocidad del obturador que la profundidad de campo.

Calibración manual

Es el modo más sencillo, y resulta ideal si trabaja con un exposímetro externo. Tras obtener una medición con la cámara, debe ajustar la abertura y la velocidad usando una guía situada en el visor que le mostrará cuándo ha alcanzado una exposición correcta.

MODO TV

En este modo, usted selecciona la velocidad del obturador en función de si quiere congelar o difuminar el sujeto, y la cámara proporciona la abertura correspondiente.

Si usted es un principiante de experiencia y conocimientos técnicos limitados, cualquier cosa que le ayude a obtener siempre resultados interesantes y exitosos será valiosa.

En tales casos, los modos de exposición basados en los diversos sujetos son muy útiles. Se trata de programas en los que todas las funciones básicas de la cámara, como la abertura, la velocidad del obturador, el autoenfoque, el patrón de medición, la velocidad de disparo y el modo de flash, se seleccionan automáticamente, pero siempre condicionadas por un sujeto específico para que usted dispare sin tener que ajustar la cámara.

Si selecciona el modo retrato, la cámara ajustará la exposición con una gran abertura para minimizar la profundidad de campo y desenfocar el fondo.

En el modo acción, se selecciona una alta velocidad del obturador para congelar el sujeto y el modo de enfoque automático (AF) se sitúa en «servo» para que la lente siga al sujeto y lo mantenga enfocado.

En el modo paisaje, se selecciona una pequeña abertura para aumentar la profundidad de campo y que toda la escena quede enfocada.

En los primeros planos, la cámara selecciona una abertura pequeña para aumentar la profundidad de campo, pero asegúrese de que es suficiente.

El modo retrato está optimizado, como habrá deducido, para fotografiar a personas. Selecciona la mejor abertura para este tipo de foto y, en la mayoría de las cámaras, permite el disparo continuo para que pueda captar cualquier expresión fugaz del modelo.

PRIMEROS PLANOS

El modo primer plano ofrece una alternativa al modo retrato, pues también resulta efectivo para estos. En este modo resulta sencillo crear marcados efectos de profundidad de campo, siempre y cuando enfoque con acierto.

Modo acción

Se escoge una velocidad de obturación rápida para congelar el sujeto y el modo de enfoque automático (AF) se sitúa en «servo» para que la lente lo siga sin que se desenfoque; de hecho, emite una señal acústica cuando está bien enfocado. El motor de disparo deberá fijarse en «continuo alto», la mayor velocidad de disparo, para disparar rápidas secuencias. En este modo, la medición se coloca en *multi-pattern* o matricial.

EXPOSICIÓN DIURNA

Modo retrato

Si elige este modo, la cámara seleccionará una gran abertura (y una velocidad de obturación más rápida) para minimizar la profundidad de campo y evitar que el fondo quede desenfocado. También seleccionará disparo continuado para que la cámara siga disparando mientras mantenga pulsado el disparador. En este modo, el enfoque automático se sitúa en disparo único, y la medición, en *multi-pattern*. Este es uno de los modos de exposición diurna más usados por los principiantes.

Modo paisaje

Se selecciona una abertura pequeña, que aumenta la profundidad de campo; el autoenfoque se coloca en disparo único, igual que el disparador. La medición vuelve a situarse en multi-zona debido a la variada iluminación. Experimente con este modo antes de probar otros más complicados.

EXPOSICIÓN NOCTURNA

Modo de retrato nocturno

Si desea fotografiar a alguien en exteriores con poca luz, este modo combina una velocidad de obturador lenta para captar el fondo oscuro de la foto con un flash que ilumina al modelo.

Modo de paisaje nocturno

En este modo, el flash permanece desactivado, se selecciona una abertura pequeña para incrementar la profundidad de campo y una exposición larga para captar la escasa luz existente. El enfoque también estará ajustado en «disparo único», y la medición, en «evaluativa».

Para fotografiar un paisaje, no descarte el modo paisaje, que escoge una abertura pequeña para que toda la escena quede enfocada.

El modo nocturno tiene una exposición más larga de lo normal que permite captar imágenes con una atmósfera muy marcada tras la puesta de sol. El sistema da por supuesto que apoya la cámara en alguna superficie para evitar que las fotografías salgan movidas.

Los sistemas de enfoque utilizados por las cámaras modernas resultan extremadamente sofisticados y facilitan la tarea de enfocar en las peores condiciones lumínicas posibles, incluso en la oscuridad. ¿Qué sistema es el mejor? Depende de usted y de lo que desee fotografiar.

Enfoque automático

El enfoque automático lleva un par de décadas facilitándonos la tarea de enfocar. Los motores incluidos en las lentes responden a los sensores de la cámara y logran enfocar en fracciones de segundo, mucho más rápido de lo que enfocamos con la vista.

Enfoque por control ocular

El enfoque por control ocular constituye una sofisticada alternativa al enfoque automático en que la cámara reconoce a qué zona del visor está usted mirando y, a continuación, activa automáticamente los sensores de enfoque en dicha zona. Debe usarse con suma cautela puesto que la lente podría enfocar la zona equivocada.

ENFOQUE HIPERFOCAL

Para ganar la profundidad de campo, enfoque al infinito y compruebe la escala en la anilla del objetivo para ver cuál es el punto de enfoque más próximo en función de la abertura escogida (distancia hiperfocal). Al volver a enfocar el objetivo en la distancia hiperfocal, la profundidad de campo se extiende de la mitad de la distancia hiperfocal al infinito.

Los sistemas de enfoque área amplia y multipunto van bien para sujetos descentrados. En el retrato de la derecha, un enfoque automático convencional habría enfocado el fondo en vez del modelo. Una forma de evitarlo consiste en utilizar el bloqueo de enfoque.

Cuando la imagen presente elementos importantes tanto en el primer plano como en el fondo, tiene que pensar cuidadosamente dónde desea enfocar. En este caso, el fotógrafo decidió que el punto de enfoque primordial estaba en el rótulo de la barca y bloqueó el enfoque en ese punto.

ENFOQUE AUTOMÁTICO DISPARO ÚNICO O SERVO

En el modo de enfoque automático disparo único (*single-shot*), la lente se ajusta y bloquea el enfoque cuando se pulsa parcialmente el disparador. Una vez el objetivo ha bloqueado el enfoque, se puede tomar la foto. Se trata de un sistema ideal para sujetos estáticos. Sin embargo, si el sujeto se encuentra en movimiento, es preferible utilizar el sistema servo de enfoque automático, ya que la lente continuará ajustándose para que el sujeto no deje de estar enfocado mientras lo seguimos con la cámara hasta que decidamos pulsar el disparador.

Muchas cámaras SLR actuales incorporan sistemas de enfoque automático «predictivo», capaces de seguir a sujetos en movimiento. Sin dicho sistema, habría costado mucho enfocar con precisión este veloz vehículo militar que se desplazaba por las calles de Sofía, capital de Bulgaria.

BA 105 923

Los flashes electrónicos modernos son elementos extremadamente sofisticados que permiten producir exposiciones perfectas una y otra vez y fotografiar en situaciones donde, de otro modo, resultaría imposible.

En situaciones donde hay suficiente luz para fotografiar no queda más remedio que utilizar el flash. Siempre que no nos acerquemos demasiado, obtendremos una imagen nítida de un sujeto iluminado uniformemente.

Problemas del flash

Aunque el flash puede resultar muy útil, también puede dar problemas si no se usa adecuadamente. El más común es el de «ojos rojos», efecto causado por la luz que rebota en los vasos sanguíneos de los ojos del fotografiado. Generalmente ocurre cuando se utiliza un flash acoplado a la zapata de contacto de cámara —ubicación lógica para el flash—, aunque no cuesta mucho evitarlo.

Muchos de estos aparatos incorporan un modo de reducción de ojos rojos, que dispara un flash previo o una ráfaga de destellos más débiles antes del principal. Así se consigue que las pupilas del sujeto se cierren y se minimizan la posibilidades de que se vean rojas en la foto.

El problema de la reducción de ojos rojos está en que el modelo se confunda y crea que ya le han sacado la foto,

OJOS ROJOS

Esté preparado para saltarse las normas. Generalmente se consideran un defecto, pero en este caso funcionan muy bien. El uso de un flash anular produce una sombra característica alrededor del sujeto y una iluminación dramática y suave.

TÉCNICAS | EL FLASH

Si se usa el flash con una velocidad de obturación larga pueden surgir imágenes sugerentes.

y cuando por fin se active el flash principal, ya esté alejándose. En ese caso, pruebe algunos de los siguientes consejos, que le serán muy útiles.

• Pida al sujeto que no mire directamente a la cámara.
• Utilice un difusor de flash para restar intensidad al resplandor.
• Haga rebotar el flash en una pared, techo o reflector.
• Quite el flash de la zapata de contacto y sitúelo muy por encima de la lente o a un lado de la misma.

Esta última opción quizá sea la más efectiva, ya que previene los ojos rojos y le da mayor control sobre la dirección de la luz.

El flash incorporado en las cámaras es muy duro y muy poco favorecedor; además, proyecta feas sombras en el fondo de la imagen, a menudo con resultados desastrosos.

Usar más de un flash

Si desea crear una iluminación de calidad profesional, puede combinar varios flashes a la vez. Algunos sistemas modernos de flash incorporan una opción inalámbrica que permite sincronizar varios flashes sin necesidad de conectarlos todos a la cámara, pero si no es su caso, existen diversos accesorios disponibles para el mismo fin.

MODOS DE FLASH

Estos son los modos de flash más comunes y su utilidad:

Potencia variable. Permite ajustar la potencia lumínica del flash a 1/2, 1/4, 1/8, 1/16, etcétera, y equilibrar así el flash y la luz ambiental para técnicas de flash de relleno y de sincronización lenta.

Modo estroboscópico. Algunos flashes se programan para que disparen rápidas ráfagas de luz automáticamente, lo que permitirá crear múltiples exposiciones de sujetos en movimiento: por ejemplo, un golfista golpeando la pelota.

Compensación de la exposición. Permite forzar el flash para que ilumine más o menos de lo que haría automáticamente. Así evitará errores de exposición si fotografía sujetos muy iluminados o muy oscuros.

Medición de exposición TTL. Garantiza una exposición correcta al conectar el flash al sistema de medición de la cámara.

Modo sincronización lenta. Le permite combinar el fogonazo del flash con una velocidad de obturador lenta (*véase* recuadro superior derecho).

La utilización del flash a una velocidad de obturador larga —«sincronización lenta»— hace que los sujetos del primer plano queden congelados y los del fondo se vean borrosos.

La utilización de dos flashes, uno detrás de la novia y otro delante, resalta la transparencia del velo. El blanco límpido del flash separa a la mujer del brillo anaranjado de la iluminación de la iglesia, realzando así al sujeto principal.

TÉCNICAS | EL FLASH

Una sola imagen puede resultar extremadamente poderosa, un momento detenido en el tiempo para la posteridad. Pero si una imagen vale más que mil palabras, ¿qué efecto puede causar una serie o secuencia de imágenes?

Busque maneras de «contar una historia» capturando varias imágenes una tras otra. Puede ser tan sencillo como mostrar la forma en que se desarrolla un acontecimiento, como en la serie de fotos de la mujer junto a la estatua o de la niña con el aro que se incluye aquí. Ninguna de las fotos por sí sola posee un gran significado, pero cuando se juntan las tres, lo que ocurre en las imágenes gana en interés.

Temas para secuencias
Este enfoque también puede aplicarse a los retratos. En lugar de sacar una sola foto, dispare varias veces y capte toda una gama de expresiones. Si junta las fotos, mostrará diversos aspectos de la personalidad del modelo, cosa imposible con una sola fotografía.

Esta manera de fotografiar también se adecua a toda clase de acciones, tanto deportivas como cotidianas.

Siempre merece la pena sacar secuencias cuando se fotografía a niños que juegan porque estas contarán la historia mucho mejor que una sola imagen.

Las series que incluyen el «antes, durante y después» pueden resultar especialmente atractivas.

Cómo disparar secuencias

Disparar secuencias es de lo más simple. Basta con mantener pulsado el disparador y se va captando una imagen tras otra. La velocidad a la que se graban depende de diversos factores, como la resolución de las fotos y la velocidad a la que la cámara las almacena en la tarjeta de memoria. Una de las cámaras

FOTOGRAFÍA DE LAPSOS TEMPORALES

Las secuencias no tienen por qué realizarse siempre de una vez y a toda prisa: pueden llevarse a cabo durante un largo período o incluso usarse para documentar cambios a lo largo de escalas temporales mayores como días, semanas o años. He aquí algunas ideas:

- Fotografíe a la misma hora, durante días sucesivos, el mismo un jarrón con flores situado en un tocador con luz diurna.
- Si fotografía la vista desde su ventana el primer día de cada mes, obtendrá un documento

fascinante sobre los cambios climáticos y lumínicos.
- Si fotografía un paisaje desde el mismo lugar durante las cuatro estaciones, obtendrá resultados interesantes, sobre todo si escoge climas variables.

IMPRIMIR CARÁCTER A LAS SECUENCIAS

Si desea captar secuencias realmente
interesantes, debe estar atento a situaciones
espontáneas o a acciones que cuenten una
historia. En la secuencia incluida en estas
páginas, el fotógrafo, atraído inicialmente
por la estatua, se percató de que la mujer
inconscientemente imitaba la postura de la estatua
mientras hablaba animadamente por teléfono.

digitales SLR más novedosas del
mercado es capaz de capturar diez
fotos a alta resolución por segundo,
pero la mayoría de las cámaras graban
una o dos fotografías por segundo.
También resulta importante la
velocidad de obturación que utilice,
ya que cuanto más veloz sea esta, más
rápido podrá disparar una secuencia,
así que trate de ajustarla a 1/250
segundos. También debe evitar el
uso de flash porque suele tardar unos
segundos en cargarse y limita la
velocidad de disparo. Tenga estos
consejos en cuenta y captará grandes
secuencias de imágenes en un abrir
y cerrar de ojos.

Una vez captada la
secuencia, revise las
fotos cuidadosamente.
Quizá tenga más de las
que necesita. No se
sienta obligado a
utilizarlas todas. Escoja
las esenciales para la
historia.

5

EQUIPO

La gran variedad de objetivos y accesorios
disponibles en el mercado hacen que la
fotografía resulte muy creativa y placentera.
Las cámaras digitales compactas en la
actualidad generalmente incorporan un
zoom bastante digno que abarca desde
el gran angular hasta el teleobjetivo y que
permite abordar con éxito casi todos los
temas. Si decide dar el salto a una SLR,
los logros fotográficos no conocerán límites.

Un pequeño trípode de mesa y un cable disparador siempre resultan útiles. Ambos caben en una bolsa pequeña y mejorarán su fotografía en cualquier situación.

Otros accesorios

Aparte del cable disparador y del trípode de mesa, también debería considerar adquirir otros accesorios. Las cámaras modernas dependen cada vez más de la capacidad de las baterías, especialmente las digitales. Asegúrese de que lleva baterías de reserva, dado que las cámaras las consumen rápidamente, sin avisar. Si no tiene baterías de reserva, lleve consigo a todas partes el cargador. También necesitará tarjetas de memoria.

No olvide los materiales de limpieza. Las brochas con soplador retiran el polvo de los objetivos y del visor, mientras que un paño suave quita manchas de las lentes o de la pantalla LCD. Las toallitas limpiadoras también sirven. Pruebe varias marcas antes de decidirse por una; algunas toallitas dejan leves residuos oleosos que afectan a la calidad de las imágenes.

Los filtros siguen siendo útiles para ciertos trabajos.

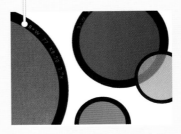

PROTEJA EL OBJETIVO CON UN FILTRO ULTRAVIOLETA NEUTRO.

Los reflectores son accesorios extremadamente útiles que permiten controlar la luz cuando se fotografía en exteriores.

BOLSAS

La elección de una bolsa adecuada para su equipo resulta esencial. Las mochilas fotográficas resultan más caras que las convencionales, pero están diseñadas para organizar y proteger el equipo correctamente. Pese a que muchas poseen compartimentos ajustables en el interior, llévese el equipo a la tienda para probarlas.

Desde arriba a la izquierda, en el sentido de las agujas del reloj: Fundas especiales para guardar filtros. Para una mayor protección, escoja un maletín rígido. Las cámaras compactas se guardan más fácilmente en una bolsa de tela. Pruebe una bolsa mayor con múltiples divisiones. Asegúrese de elegir una bolsa que proteja el equipo de las inclemencias del tiempo.

Para evitar que las fotos salgan movidas en situaciones de poca luz o cuando fotografíe con exposiciones largas deberá usar un trípode. Sin embargo, los trípodes tienen otras utilidades menos evidentes pero igualmente importantes. Mantienen la cámara fija en una posición mientras usted tiene las manos libres para ajustar la composición y modificar la ubicación de los elementos.

Trípodes

Los trípodes tienen rótulas o cabezales de panorámica horizontal y vertical. Los de rótula son más ligeros, compactos y rápidos de usar.

Pies, pinzas y bolsas de peso

Hay alternativas menos efectivas a los trípodes, pero más ligeras y fáciles de montar y de utilizar: los pies (en esencia, trípodes de una sola pata), las pinzas y las bolsas de peso. Estas últimas se consideran el equipo de sujeción portátil perfecto.

Un buen cabezal, que pueda ajustarse a diversas posiciones, incrementa la flexibilidad a la hora de hacer fotos.

Si no lleva consigo un soporte para la cámara, tendrá que improvisar. Para las fotografías nocturnas, por ejemplo, puede apoyar la cámara en un muro, en una mesa, o contra superficies verticales como las paredes.

Un trípode firme y estable es esencial, si se toma la fotografía en serio. Compre el mejor que pueda permitirse y suba de categoría más adelante.

Para hacer fotos tan fantásticas como esta, necesitará trípode. Con él podrá explotar al máximo el potencial creativo de su cámara, y logrará imágenes nítidas y claras sin riesgo de que salgan movidas.

En algunos casos es posible comprar solo el cuerpo de la cámara, pero esta opción por lo general únicamente interesa a quienes ya poseen objetivos compatibles. La mayoría de los compradores escogen una cámara que incluya el cuerpo y una lente estándar.

Escoger objetivos

Pese a que la mayoría de las cámaras nuevas se venden con un zoom, hasta hace relativamente poco las cámaras analógicas incluían un objetivo de longitud focal fija. Una lente estándar típica tiene una longitud focal aproximada de 50 mm y está diseñada para la fotografía en general. Su ángulo de visión resulta similar al de la vista humana, aunque algunos fotógrafos opinan que las lentes de 45 mm se asemejan todavía más. Con este tipo de objetivo, el encuadre y la perspectiva de las fotos resultan más naturales y se tiene una abertura máxima de f/1.8 o f/1.4. Esto los hace ideales para condiciones de poca luz o cuando se busca poca profundidad de campo.

Zooms estándar

Los zooms que acompañan a la mayoría de las cámaras actuales ofrecen mayor flexibilidad que los objetivos de distancia focal fija de antes, ya que cubren diversas longitudes focales que van del gran angular al teleobjetivo.

En cámaras analógicas, el zoom estándar cubre de los 28 a los 90 mm. En una SLR digital suele abarcar de los 18 a los 55 mm, y ofrece un ángulo de visión similar. Puede utilizar una lente de 28-90 mm de cámara analógica en una SLR digital, pero el rayo focal no es el ideal, ya que en gran angular no funciona bien con un sensor más pequeño.

USOS DE LAS LENTES ESTÁNDAR

- Las lentes principales estándar van bien para retratos de cuerpo entero porque el fotógrafo se encuentra lo bastante lejos para evitar distorsiones, pero no tanto como para quedarse sin espacio cuando fotografía en habitaciones pequeñas.
- La gran abertura máxima de una lente estándar la convierte en el objetivo ideal para fotografiar fiestas y celebraciones en las que no se quiera recurrir al flash.
- Un zoom estándar de 28-90 mm (o su equivalente digital) es perfecto para la fotografía del día a día porque es compacto y ligero y rara vez se necesitan distancias focales que escapen a su rango.
- Los zooms estándar son perfectos para la fotografía de viajes, cuando no es fácil cambiar de lente o punto de vista.

Cuando vaya a pasar el día fuera y no quiera cargar con un bolsa llena de equipo, no hay objetivo mejor que el zoom estándar. Podrá pasar de un moderado gran angular —ideal para imágenes como la escena playera aquí mostrada— a un teleobjetivo corto con solo un giro de muñeca.

Los zooms estándar de rango alto —distancia focal de entre 70 u 80 mm con una abertura máxima muy rápida— son inmejorables para obtener retratos asombrosos.

Las fotos sacadas con lentes estándar quedan muy naturales porque el ángulo de visión se asemeja al de la vista humana.

El gran angular permite al fotógrafo ampliar el encuadre. Además, aleja y empequeñece los objetos. Por ello su utilidad es evidente cuando se trata de plasmar un paisaje amplio o fotografiar en espacios cerrados.

Versatilidad del gran angular

El término «gran angular» se aplica a toda una gama de longitudes focales. Los zooms suministrados con las cámaras modernas generalmente tienen una distancia focal mínima de 28 mm que suele bastar.

Así como existen lentes de longitud focal fija extremadamente abiertas, también hay zooms de gran angular que cubren longitudes focales similares, como los de 16-40 mm en cámaras analógicas de 35 mm o los de 10-20 mm en SLR digitales. Estas lentes resultan más voluminosas y caras que las lentes estándar.

El objetivo gran angular, como la mayor parte del equipo especializado, tiene ventajas e inconvenientes, y debería usarse con tino y moderación mientras no se conozca a fondo todo su potencial.

El gran angular es fantástico para la fotografía arquitectónica, especialmente si no se dispone de espacio para maniobrar.

USOS DEL GRAN ANGULAR

- Para abarcar paisajes extensos, lo mejor es un gran angular.
- En espacios cerrados, el gran angular hace que la habitación parezca más grande y permite encajar a más personas en la foto.

- Para monumentos ocultos entre otros edificios, lo adecuado es un gran angular.
- El gran angular resalta las diferencias de tamaño entre objetos cercanos y lejanos.

Uno de los inconvenientes de estos objetivos radica en que introducen más distorsión en las imágenes. Por eso tienen que usarse con cautela.

Muchos fotógrafos recurren automáticamente a un gran angular cuando se encuentran ante una escena como esta, y hacen bien. Cuando se pretende captar el espíritu de un paisaje, se necesita la perspectiva abierta que proporciona el gran angular.

Con un gran angular
podrá sacar buenas fotos
prácticamente de la nada.
Aquí el fotógrafo consiguió
guiar dramáticamente
la vista hacia la figura
del fondo acercándose
al banco y seleccionando
una abertura de f/16.

PERSPECTIVA DEL GRAN ANGULAR

El gran angular causa un profundo efecto sobre la perspectiva. Esto no se debe a sus cualidades ópticas inherentes, sino que tiene una explicación mucho más sencilla. El gran angular hace que los objetos parezcan más pequeños, por lo que nos acercamos más para llenar el encuadre. Al hacerlo, exageramos la diferencia de tamaño entre objetos cercanos y lejanos. A su vez, esto genera una distorsión trapezoidal que podemos apreciar cuando se fotografían edificios muy altos desde su base. Sin embargo, esta exageración de la perspectiva también tiene utilidades creativas. Por ejemplo, las destacadas diferencias de tamaño entre los objetos próximos y los apartados crean una intensa sensación de profundidad tridimensional y de «movimiento» en la composición.

Igual que los telescopios o los binoculares, los teleobjetivos magnifican objetos distantes. Resultan esenciales para fotografiar animales salvajes y para realizar buenas fotos de actividades deportivas. Los teleobjetivos también pueden ser útiles para captar detalles de paisajes o para realizar retratos de medio cuerpo.

Teleobjetivos estándar

Al igual que otras lentes, el teleobjetivo se clasifica en función de su longitud focal. En una cámara analógica de 35 mm, una lente de 100 mm sería un teleobjetivo «corto», una de 200 mm se consideraría «mediana» y una de 400 mm o más sería «larga». Debido al factor de magnificación del sensor más pequeño que tienen estas cámaras, los teleobjetivos de cámaras digitales SLR se consideran «largos». En una cámara digital SLR, una lente de 200 mm tendría una longitud focal equivalente a unos 320 mm y una de 400 mm pasaría a tener 640 mm.

Los fotógrafos profesionales utilizan longitud focal fija o teleobjetivos «principales» porque tienen aberturas máximas mayores y permiten disparar con poca luz. Resultan idóneos para muchos deportes, sobre todo los que se practican en salas o pabellones con iluminación artificial.

Teleobjetivos zoom

Los teleobjetivos zoom resultan más versátiles que los teleobjetivos normales, pero tienen aberturas máximas menores. Sin embargo, su flexibilidad y bajo coste los hace más adecuados para la fotografía general.

VENTAJAS

- Sin un teleobjetivo, la fotografía de animales salvajes puede resultar complicada o imposible, ya que estos se asustan con facilidad.
- Diversas modalidades deportivas resultan imposibles de fotografiar sin teleobjetivo porque las zonas destinadas a los espectadores se encuentran muy lejos de la acción.
- Con teleobjetivo pueden obtenerse paisajes asombrosos, ya que permiten escoger detalles distantes y «aplanar» la perspectiva.
- Desenfocar el fondo puede mejorar un retrato. Requiere una profundidad de campo poco profunda, característica estándar de los teleobjetivos.

Una de las grandes cualidades del teleobjetivo consiste en que comprime la perspectiva y hace que objetos distanciados parezcan más próximos. En esta imagen, los ojos de la mujer parecen estar cerca del niño del primer plano, cuando no es así.

INCONVENIENTES

Los teleobjetivos parecen «comprimir» la perspectiva. Al contrario que el gran angular, reproducen los sujetos y sus fondos en su tamaño relativo real, o al menos en el más similar. Este efecto se nota especialmente si se fotografía un árbol ante una montaña situada en la lejanía. Si usted encaja el árbol entero con el gran angular, la montaña parecerá pequeña, pero si lo hace con el teleobjetivo, la montaña parecerá mucho más grande de lo que es.

La mayoría de los zooms suministrados con la cámara tienen una longitud focal máxima de entre 90 y 105 mm, dependiendo de la lente. Con esa longitud no basta para fotografiar deportes o vida animal, y quizá su actividad fotográfica le lleve a otras situaciones en las que necesite una lente mayor.

Cuanto mayor sea la longitud focal, más difícil será que las fotos salgan nítidas. Los pequeños movimientos de la cámara se magnifican con las longitudes focales largas. El sujeto dará la impresión de moverse mucho en el encuadre, y centrarlo resultará complicado. Además, el movimiento de la cámara puede producir emborronamiento a velocidades de obturación que resultarían «seguras» con longitudes focales normales.

Para encontrar la velocidad de obturación mínima, divida 1 por la distancia focal que use. Así, con una lente de 200 mm, la velocidad de obturación sería 1/200 segundos.

Algunos teleobjetivos tienen mecanismos de estabilización de la imagen que contrarrestan todo movimiento durante la exposición. Esto permite obtener fotos nítidas y velocidades del obturador entre dos y cuatro veces más lentas de lo normal.

Los teleobjetivos permiten seleccionar detalles lejanos. Esta característica le resultará particularmente útil cuando no pueda acercarse más al sujeto —en este caso, el reloj de la torre—, o con temáticas deportivas o instantáneas de gente por la calle.

Los teleobjetivos, especialmente los zooms, son muy adecuados para fotografiar la vida salvaje, ya que le permiten disparar desde lejos para no distraer a los animales.

En los extremos del diseño óptico se encuentran los súper teleobjetivos y los súper gran angulares, capaces de producir dramáticos efectos visuales. Sin embargo, resultan caros y su manejo es complicado.

Súper teleobjetivos y súper gran angulares

La utilización de estas lentes es complicada. Para evitar que las líneas verticales converjan (distorsión trapezoidal), hay que disparar con la cámara paralela al suelo, y por ello muchos fotógrafos especializados en arquitectura utilizan un trípode y un nivel para preparar la foto. Este tipo de teleobjetivos presenta otra clase de problemas. Las lentes pesan tanto que casi siempre deben montarse sobre robustos trípodes.

Si desea que sus fotos destaquen, deberá buscar el impacto visual en lugar del realismo. En este caso se ha creado deliberadamente una distorsión con un súper gran angular.

Los teleobjetivos largos, con una distancia focal superior a los 300 mm, son esenciales para acercar sujetos distantes como esta ave rapaz. Han de usarse con cuidado, especialmente a fin de evitar que las imágenes salgan movidas.

Lentes teleconvertidoras

Las teleconvertidoras son lentes que permiten incrementar la distancia focal de otras lentes. Encajan entre el cuerpo de la cámara y la lente y magnifican la imagen con valores fijos, como 1.4x, 2x o3x. Son más baratas que los súper teleobjetivos, y recomendables para principiantes y para quienes cuentan con un presupuesto moderado.

USOS DE LAS LENTES EXTREMAS

· Debido a sus magnitudes, la fotografía arquitectónica puede suponer todo un reto. La utilización de un súper gran angular puede ser la única forma de captar el sujeto entero desde el punto de vista que tenga a su alcance.

· Sin un súper gran angular, cuesta mucho abarcar interiores completos, ya sean pequeños o grandes.

· En el caso de deportes que se practican en campos de juego grandes, como el rugby o el fútbol, necesitará un súper teleobjetivo para llenar el encuadre con un solo jugador.

EQUIPO | LENTES EXTREMAS

Las lentes especializadas están diseñadas para tareas específicas que las lentes comunes no pueden realizar. Existen diversos tipos de objetivos que ofrecen distintas funciones aprovechables tanto por el aficionado entusiasta como por el profesional experimentado.

Lentes difusoras

Los retratistas profesionales en ocasiones recurren a lentes difusoras de propiedades ópticas cuidadosamente diseñadas que suavizan los detalles faciales.

Lentes macro

Se trata de lentes diseñadas para enfocar a distancias muy cortas. En la macrofotografía, el tamaño del sujeto plasmado es igual o mayor que en la vida real. Sin embargo, no es solo cuestión de enfocar más de más cerca; la fotografía a estas distancias requiere un diseño óptico diferente para garantizar una imagen de alta calidad.

Lentes desplazables

También conocidas como descentrables o basculantes, están diseñadas para evitar los problemas que plantea la fotografía arquitectónica. También se denominan lentes de control de perspectiva (PC). Ello se debe a que ofrecen distintos movimientos que permiten corregir las verticales convergentes o la distorsión trapezoidal que se producen al fotografiar edificios altos. Con una lente convencional, la cámara debe inclinarse hacia arriba para encuadrar el edificio, y entonces se producen efectos de perspectiva no deseados. Con estas lentes, la cámara se mantiene nivelada y el objetivo se inclina hacia arriba hasta que el edificio queda bien encuadrado en el visor. Esta clase de objetivos son caros porque los mecanismos internos que permiten el movimiento deben alcanzar una precisión extrema.

Los objetivos macro no resultan económicos, pero merecen la pena. Con ellos puede llenarse el encuadre con sujetos extremadamente pequeños y obtener imágenes muy impactantes.

Con una lente desplazable o un PC, puede ajustar la perspectiva para que los laterales de un edificio se vean paralelos en vez de convergentes. En la foto superior, no se ha utilizado una lente desplazable y la imagen resultante está muy distorsionada. Sin embargo, en la foto inferior, la utilización de esta lente ha conseguido que la perspectiva se aprecie igual que a simple vista.

Las lentes intercambiables presentan ventajas obvias. Un gran angular permite incluir más elementos en la escena y un teleobjetivo permite ampliar sujetos lejanos.

¿Qué lente escoger?

Aunque más lentes implican más opciones, hay que recordar que al cambiar la lente estamos cambiando la perspectiva, el tamaño relativo de los objetos de la imagen y sus relaciones espaciales.

En líneas generales, el gran angular crea la sensación de «estar ahí»: sitúa al observador en el centro de la foto. La exagerada perspectiva que ofrecen estas lentes genera la sensación de participar de la escena y añade,

de inmediato, profundidad y dramatismo. Con un gran angular, cuesta encontrar fondos despejados. Generalmente, uno se ve obligado a hacer que el fondo forme parte de «la historia» que cuenta la imagen.

Los teleobjetivos crean una sensación más distante, de desapego. Resultan ideales para centrar la atención del observador en un objeto específico y no solo porque resulte más fácil componer fotos con fondos neutros o complementarios.

PROBAR DIFERENTES LENTES Y ENTORNOS

Con una lente de 28 mm (arriba a la izquierda), se incluye gran parte del fondo y el fotógrafo debe acercarse demasiado al sujeto, distorsionando las proporciones de un modo nada atractivo.

Se ha de emplear la longitud de lente adecuada para cada caso. Aquí se usó un gran angular de 20 mm para crear sensación de profundidad en este interior de un centro comercial en Dublín, Irlanda.

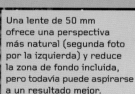

Una lente de 50 mm ofrece una perspectiva más natural (segunda foto por la izquierda) y reduce la zona de fondo incluida, pero todavía puede aspirarse a un resultado mejor.

Seleccionar el modo «retrato» de 100 mm ayuda a separar al sujeto del fondo (tercera foto por la izquierda) al tiempo que se consigue una perspectiva más favorecedora.

Un zoom teleobjetivo a 200 mm (arriba) distancia al fotógrafo del modelo y crea una perspectiva correcta.

Los zooms pueden ser más versátiles que los objetivos principales, pero también es más difícil utilizarlos bien. Además, deben tenerse en cuenta ciertas características propias de esta clase de lente.

Zoom zoom

Una de las características más confusas de los zooms es la forma en que la abertura máxima de gran parte de ellos varía en función del rango de zoom. Solo los más «profesionales» y caros tienen una abertura máxima igual en todo su alcance. Generalmente, la abertura máxima coincide con el mayor ángulo del espectro, y la menor, con el ángulo de teleobjetivo.

¿Qué ocurre cuando se cambia la distancia focal tras haber realizado los ajustes de exposición? Por ejemplo, usted ajusta la cámara a f/3.5 y luego cierra el zoom. En las cámaras electrónicas modernas, la lente informa de los cambios al cuerpo de la cámara y esta, aunque usted haya ajustado una abertura de f/3.5, la adecuará automáticamente al valor de la nueva abertura máxima mientras usted acerca la lente, y adaptará la exposición. Sin embargo, si usted ha cerrado el zoom antes de ajustar la exposición, la cámara limitará la abertura máxima seleccionable a un valor disponible en ese ajuste de zoom en particular.

¿QUÉ ZOOM?

Las lentes zoom estándar cubren todas las distancias focales habituales. Acostumbra ser en torno a 28-90 mm en una cámara analógica de 35 mm y a 18-55 mm en una digital SLR. Un zoom de 70-300 mm sería una buena elección como lente «secundaria» porque amplifica por tres la imagen y resulta asequible. Los zooms de gran angular son más caros. Una lente de 17-35 mm amplia notablemente los ángulos de visión.

El uso de los zooms se ha generalizado en sus diversos alcances, tamaños y precios. Baratos, flexibles y de fácil manejo, permiten encuadrar a su antojo. Como con el resto del equipo fotográfico, compre el mejor que pueda.

Si utiliza el zoom mientras el obturador está abierto, obtendrá un poderoso y espectacular efecto de «explosión». Experimente con diversas velocidades de obturación y utilice el zoom con la máxima delicadeza.

EFECTOS DE EXPLOSIÓN CON ZOOMS

Puede variar el ajuste de zoom mientras se produce la exposición para lograr un efecto de «explosión», en que el centro de la imagen resulta relativamente nítido pero los bordes parecen salir disparados del encuadre a toda velocidad (*véase* foto superior). Para ello, ajuste una velocidad de obturación lo bastante larga para que le dé tiempo a utilizar el control de zoom y utilice un trípode.

La mayoría de las cámaras llevan un flash incorporado, pero incluso en ese caso, los flashes externos siguen presentando diversas ventajas.

Pueden unirse varios flashes electrónicos para producir exposiciones controladas, incluso cuando fotografía en macro.

Los flashes auxiliares encajan en la parte superior de las cámaras SLR. Suelen ser más potentes y dan una luz mucho más atractiva que los flashes integrados.

La mayoría de estos flashes incorporan numerosos y creativos controles que permiten equilibrar el fogonazo con la luz ambiental. Dedique algún tiempo a aprender el funcionamiento y alcance de su flash.

Flashes externos

Los flashes externos son más potentes
que los que incorporan las cámaras.
Esta mayor potencia permite
fotografiar sujetos más alejados y
utilizar una ISO más baja o una
abertura de la lente menor. Además,
muchos de ellos permiten
movimientos de «rebote» o «giro».
El flash directo crea una luz dura
que puede resultar aceptable cuando
no queda más remedio, pero nunca
resulta atractiva. Sin embargo, si
puede girar el flash y «rebotarlo» en
una pared o techo cercanos,
conseguirá una iluminación más
suave y natural.

POTENCIA DEL FALSH

La capacidad de un flash se cifra
en su «Número Guía» (GN),
generalmente a ISO 100. Así
se cuenta con una medición
estandarizada de la potencia
del flash, un número que también
sirve para calcular exposiciones.
Para decidir la abertura de
la lente, divida el número GN
por la distancia hasta el sujeto
en metros. Un flash integrado en
la cámara generalmente tiene un
valor GN de 12, así que para
un sujeto situado a dos metros
del objetivo, la abertura debe
ser de 12 dividido por 2, es
decir, f6. Si le parece complicado,
no se preocupe, los flashes
modernos realizan el cálculo
automáticamente.

**PARA EVITAR LOS OJOS ROJOS, HAGA QUE
LOS SUJETOS MIREN HACIA UNA FUENTE
DE LUZ CUANDO SAQUE LA FOTOGRAFÍA.**

TRASFONDO

Hacer la foto es solo el principio. Para mantener
a buen recaudo los archivos digitales, debe
guardarlos en un ordenador, disco duro,
cedé o medio similar. Esto cobra especial
importancia cuando se fotografían exteriores.
Una vez transferidos los archivos al ordenador,
el siguiente paso consiste en pensar cómo
mejorar las imágenes. Muchos fotógrafos
actuales consideran sus ordenadores como
salas de revelado, el equivalente moderno
al tradicional «cuarto oscuro».

Así como antes las cámaras almacenaban las fotografías en película, las cámaras digitales modernas las guardan como archivos electrónicos en tarjetas de memoria. Este proceso se conoce como «captura» de imágenes. Para poder trabajar después con sus imágenes digitales, también tiene que ser capaz de transferirlas.

Los sistemas de almacenamiento extraíbles tienen todo tipo de formas y capacidades, lo que no plantea ningún problema: basta con comprar uno compatible con la cámara.

TRANSFERENCIA DE IMÁGENES

Hay dos formas básicas de transferir fotos de la cámara al ordenador. Una de ellas consiste en usar un «lector de tarjetas» (*véase* recuadro superior en la página siguiente), y la otra, en conectar la cámara al ordenador mediante una conexión USB, estandarizada en todos los ordenadores. Algunas cámaras profesionales ofrecen conexión Firewire, usada por los ordenadores Apple Mac. Asimismo es posible transferir las fotos de modo «inalámbrico» o, en las cámaras de los teléfonos móviles, mediante Bluetooth. Pero la transferencia inalámbrica puede ser más lenta y compleja, y menos fiable, que la transferencia por cable.

> Una de las maneras más sencillas de transferir imágenes de la cámara al ordenador es utilizando un lector de tarjetas.

USO DEL LECTOR

Los lectores de tarjetas son pequeños aparatos que se conectan al puerto USB del ordenador. Tras insertar la tarjeta de memoria en la ranura correspondiente, aparecerá en el ordenador como un disco duro externo, y basta entonces con arrastrar las fotos a una carpeta del ordenador. Asegúrese de adquirir un lector de tarjetas compatible con el tipo de tarjeta de su cámara, aunque muchos de ellos incluyen ranuras para todos los formatos.

Tarjetas de memoria

Algunas cámaras incorporan una memoria interna, pero suele estar limitada a unas pocas fotografías. Todas las cámaras tienen ranuras para insertar tarjetas de memoria. Las cámaras digitales compactas con memoria interna no se venden con tarjetas de memoria, mientras que las cámaras digitales compactas sin memoria interna suelen incluir una tarjeta de memoria de poca capacidad. Las SLR digitales se venden sin tarjeta de memoria. Estas tarjetas son de diferentes tipos: SD (Secure Digital), CompactFlash, xD Picture Card y Memory Stick. También hay un formato, que ya no se usa, denominado «Smartmedia».

Muchos lectores leen hasta quince clases distintas de tarjeta. Tras insertarla en la ranura, la tarjeta aparecerá en el escritorio como un disco duro externo, permitiendo un acceso inmediato a las imágenes. Es un método de transferencia rápido y sencillo.

Dado que la mayoría de las cámaras capturan las imágenes en alta resolución —pese a estar en formato JPEG, esta foto del perro precisa 2.2Mb—, necesitará bastante capacidad de almacenamiento.

Gracias a impresoras especiales, es posible imprimir las fotos sin necesidad de un ordenador, pero este resulta imprescindible para almacenar y revisar una colección creciente de imágenes y para editarlas, retocarlas y compartirlas.

Si ya posee un ordenador, ha de averiguar si resulta adecuado para la fotografía digital. Lo mismo cabe decir si está a punto de comprarse un ordenador nuevo o sustituir el viejo. Tenga en cuenta la velocidad del procesador, la memoria (RAM) y la capacidad del disco duro. No obstante, antes debe tomar una decisión aún más básica. La mayoría de los usuarios optan por ordenadores PC con Microsoft Windows, pero aunque los usuarios de Apple Macintosh (Mac) estén en minoría, las ventas se mantienen y sus ordenadores ofrecen ciertas ventajas para este tipo de trabajo. Todos los

Un ordenador Apple Macintosh es una buena elección para la edición de fotografía digital. Estas máquinas incorporan el software de organización fotográfica iPhoto, son fiables y de manejo fácil.

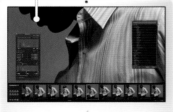

Como la mayoría de la tecnología moderna, los ordenadores evolucionan rápidamente. Hasta las características del más sencillo mejoran casi a diario. Como con cualquier otro asunto relacionado con la fotografía, compre el mejor dentro de su presupuesto.

Escoger un monitor

Los «viejos» monitores de ordenador eran CRT (tubo de rayo catódico) con grandes tubos como los de los televisores. Antes los monitores LCD (pantalla de cristal líquido) resultaban muy caros; sin embargo, en la actualidad han bajado de precio y copan el mercado. Estos monitores ofrecen imágenes planas de buena calidad y sin distorsiones.

Macs incorporan un programa denominado iPhoto, estupendo para organizar, catalogar y realzar sus fotografías. Los PC no incorporan nada parecido, aunque la cámara digital quizá proporcione algún software similar. Los modelos iMac, iBook y MacBook tienen también monitores excelentes, algo fundamental para un fotógrafo.

Sin embargo, aunque todas las cámaras e impresoras trabajan tanto con Mac como con PC, Mac dispone de menos variedad de software, si bien es cierto que algunos programas de edición de imagen de gama alta, como Adobe Photoshop y Elements, están disponibles para ambos soportes.

ACCESORIOS

· Impresora
Elija una impresora para «fotos». Dan excelentes resultados.

· Escáner
Necesitará uno si posee una colección de fotografías impresas y desea convertirlas en imágenes digitales.

· Lector de tarjetas
Le facilitará la transferencia de fotografías al ordenador.

· Calibrador de monitor
Estos kits de calibración harán que los colores que ve en la pantalla sean los mismos que verá en las imágenes impresas.

Ventajas del ordenador portátil

Los ordenadores portátiles suponen una gran alternativa a los de sobremesa. Aparte de las ventajas obvias, como el hecho de que son pequeños, fáciles de trasladar y funcionan en cualquier parte, los portátiles ofrecen al fotógrafo una plataforma estupenda para almacenar y revisar fotos.

En líneas generales, necesitará dos tipos de software para la fotografía digital: para organizar y revisar las fotos, y para editarlas y realzarlas. Algunos programas pueden cumplir ambas funciones, si bien suelen estar divididas en distintas áreas del programa.

Software de organización de imágenes

El software de fotografía digital puede provenir de diversas fuentes. La mayoría de las cámaras digitales se venden con un programa de iniciación. Por ejemplo, las cámaras Nikon incorporan el software PictureProject, que ofrece herramientas organizativas y de edición básicas. Kodak incorpora el EasyShare, similar al anterior, y HP ofrece el programa ImageZone.

Picasa 2, aplicación gratuita de Google, puede ser una alternativa muy interesante. Encuentra y revisa fotos digitales a una velocidad excepcional e incorpora herramientas de edición fáciles y efectivas. Si no cuenta con un gran presupuesto, quizá sea la mejor opción para comenzar. Notará una gran diferencia cuando edite las fotos incluso con los programas de organización básicos, como los descritos anteriormente.

Las cámaras digitales se venden con un software que permite pasar las imágenes de la cámara al ordenador. En la mayoría de los programas, las imágenes se muestran como imágenes en miniatura que se pueden revisar, abrir y mejorar.

Photoshop casi se ha convertido en el nombre genérico de la edición fotográfica, pero resulta caro y más sofisticado de lo que el fotógrafo aficionado pueda necesitar. Existen diversas alternativas más baratas e igual de efectivas.

Software de edición de imágenes

Puede escoger entre muchos programas distintos de edición. El más popular (y el más potente) es Adobe Photoshop, pero es caro, complicado y, para muchos fotógrafos, excesivo. Adobe Photoshop Elements resulta mucho más barato y fácil de usar, e incorpora la mayoría de las herramientas de edición y organización de imágenes más necesarias. Otros programas destacados de precio similar son Corel Paint Shop Pro y Ulead PhotoImpact.

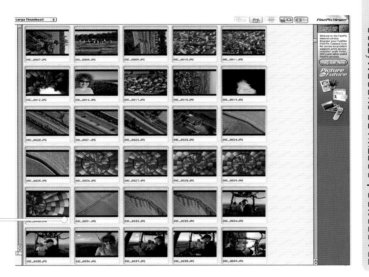

CONOCER LOS *PLUG-INS*

Muchos de los efectos especiales que permiten crear los programas de edición de imágenes se consiguen mediante *plug-ins*. Se trata de pequeños «módulos» de software que no forman parte del programa principal, pero que se utilizan desde el mismo programa. Generalmente se encuentran en el menú «filtros» o «efectos». La mayoría de los filtros de Photoshop y de Elements, por ejemplo, son *plug-ins*. Muchas marcas diseñan y venden por separado *plug-ins* especializados para reducir el ruido digital, mejorar la nitidez de los detalles o crear efectos «artísticos».

Con bastante frecuencia, gracias a su cámara digital obtendrá fotos de calidad suficiente para verlas o imprimirlas sin necesidad de retocarlas. La cámara aplica el balance de blancos, la nitidez y demás parámetros para «procesar» los datos captados por el sensor en la imagen almacenada en la tarjeta de memoria. Sin embargo, aunque la mayoría de las fotos digitales tienen una calidad aceptable, a menudo pueden mejorarse en el ordenador.

Corrección de la exposición y los colores

Una exposición incorrecta puede dar lugar a fotos demasiado oscuras o claras. Sin embargo, siempre que el error no sea demasiado grave, se podrá corregir mediante un programa de edición de imágenes. Del mismo modo, los colores podrían estar mal. Por ejemplo, las fotos de personas tomadas en días nublados o con luz artificial a menudo presentan tonalidades de piel de aspecto enfermizo. Tampoco

LOS ARCHIVOS

Las cámaras digitales suelen grabar las imágenes comprimidas como archivos JPEG en la tarjeta de memoria. Por tanto, se pierde cierta calidad de la imagen, aunque apenas se percibe. Algunas cámaras más antiguas también incluyen el formato TIFF. Estas imágenes no están comprimidas, por lo que en principio su calidad es mayor.

en este caso hay que preocuparse, ya que esas fotografías digitales pueden retocarse después en el ordenador sin demasiadas complicaciones.

Mejorar el encuadre

También es posible encuadrar de manera más efectiva con el software del ordenador. ¿Quizá en el momento de disparar no tuvo tiempo para disponer la composición perfecta y ahora desee mejorar la presentación general de la fotografía? La herramienta para recortar de su programa de edición de imágenes le permitirá eliminar cualquier detalle no deseado en los bordes de la foto y, al mismo tiempo, nivelar fotos tomadas con una ligera inclinación. Este último problema suele darse en fotos de paisajes y edificios, especialmente en el caso de marinas en las que el encuadre incluye el horizonte.

Fotografía en modo RAW

Para disponer de la máxima flexibilidad a la hora de editar las imágenes, dispare en modo RAW. Los archivos RAW ofrecen más flexibilidad y calidad de imagen porque le permiten seleccionar ciertos parámetros de la cámara en el ordenador tras haber volcado las fotos, tales como balance de blancos, contraste, nitidez e incluso compensación de la exposición. Además, a menudo se encontrará con que la definición y la paleta tonal de las fotos también mejoran en los archivos RAW. Sin embargo, estos archivos presentan inconvenientes importantes, puesto que ocupan demasiado espacio en la tarjeta de memoria, no pueden verse ni imprimirse directamente como los JPEG y primero deben convertirse en un archivo de imagen mediante un programa de «conversión de RAW» (aunque muchos editores de imágenes actuales procesan archivos RAW). Además, el proceso de conversión de archivos RAW puede llevar bastante tiempo, especialmente con álbumes grandes de fotografías.

RAW

Cuando se dispara en RAW, el archivo se convierte en un «negativo digital», y con el software adecuado —como el Adobe Lightroom, mostrado aquí—, se le exprime hasta la última gota de calidad. Observe la cantidad de controles disponibles.

Muchos programas de edición trabajan con las imágenes por «capas». Ello permite combinar o mezclar distintas fotos. Considere que cada capa es una hoja transparente en la que sitúa una imagen. Normalmente, cada capa cubriría la de debajo, pero puede cambiar la opacidad para ver a través de ellas.

No todas las fotografías salen perfectas de la cámara. Si se sacaron en modo «retrato», primero tendrá que rotarlas a la posición correcta.

Corregir la exposición

Los problemas de exposición a menudo surgen en condiciones lumínicas difíciles: por ejemplo, cuando la luz está detrás del sujeto (contraluz), o cuando se fotografía una escena donde predominan los tonos muy oscuros o muy claros. Un ejemplo clásico del segundo caso sería una foto de un gato negro en un almacén de carbón. Ante una circunstancia así, la cámara no sabe diferenciar al sujeto del fondo. Con frecuencia solo se percatará del problema cuando vea la foto en la pantalla del ordenador y le parezca demasiado tarde para subsanar el error. Sin embargo, una de las grandes ventajas de la fotografía digital radica en que muchos de los errores de exposición pueden rectificarse utilizando un programa de edición de imágenes.

NIVELES

Una imagen pobre y oscura del centro de una rueda (arriba) se ha mejorado mediante un programa de edición de imágenes (derecha).

Se utilizó el control deslizable «punto blanco» para expandir la escala tonal de la foto. Así se introdujeron los tonos realzados adecuadamente. El control de tonos medios también se deslizó hacia la izquierda para incrementar el brillo.

CURVAS

La imagen de arriba se potenció mediante el empleo de curvas (derecha).

Para añadir brillo a las zonas más oscuras de la foto, se estiró la curva hacia arriba desde un punto situado cerca del centro.

BRILLO/CONTRASTE

La foto inicial se retocó con las herramientas de brillo y contraste del software de edición (derecha).

Al incrementar el contraste, se definieron mejor los tonos oscuros y los claros. Después se incrementó el control de brillo.

TRASFONDO | MANIPULACIÓN DE LAS IMÁGENES

Cuando imprime una fotografía, su escala se ajusta al tamaño de impresión que ha seleccionado. En el caso de las fotos digitales o escaneadas, los píxeles de la imagen digital se ajustan al tamaño de la impresión, pero el número de píxeles no cambia.

Variar el tamaño de las imágenes

Si desea que su imagen aparezca en una pantalla de ordenador, ya sea en una página web o como archivo adjunto en un correo, tendrá que cambiar el tamaño de la foto. Esto se debe a que los píxeles de la pantalla del ordenador se corresponden exactamente a los de la foto. Una foto digital puede contener 3.000 por 2.000 píxeles, demasiados para cualquier monitor —la mayoría tiene una resolución de unos 1.024 por 768 píxeles—. En este caso deberá «resamplear» la foto digital para que las dimensiones de los píxeles encajen con las de la pantalla. Recuerde hacerlo con una copia de la fotografía, ya que en el proceso esta pierde calidad y, una vez se ha llevado a cabo, no hay forma de recuperar el original a alta resolución.

Si envía por correo electrónico archivos grandes, debe comprimirlos para que se descarguen más rápido. Este archivo TIFF de 20.5 Mb se redujo a un archivo JPEG de 800Kb como archivo adjunto.

Muestra de imágenes en pantalla

Para este tipo de visionado, necesita unas dimensiones de unos 640×480 píxeles o 900×600 píxeles, dependiendo del tamaño de la pantalla en que aparezcan las imágenes. Las fotos de páginas web o correos electrónicos han de ser menores que el tamaño de la pantalla porque la interfaz del programa ocupa gran parte del espacio disponible. Muchos programas editores de imágenes cambian automáticamente el tamaño de las fotos para su uso en pantalla.

FORMATOS DE ARCHIVO PARA INTERNET

Las imágenes o «grafismos» que observamos en páginas web
se dividen en dos o tres categorías. En primer lugar, los vídeos
y animaciones utilizan un formato especial que no nos ocupa en
este caso. En segundo lugar, los diagramas, ilustraciones y logotipos
generalmente utilizan el formato GIF. Este formato produce grafismos
nítidos que se descargan a gran velocidad pero están limitados a
256 colores y, por tanto, no resulta adecuado para los fotógrafos. En
su lugar, debe recurrir al formato JPEG, que comprime las fotos para
que la descarga resulte rápida pero se conserve una buena calidad
de imagen. Existen diversos tipos de compresión de formato JPEG:
· «Alta»: Produce mejores fotos pero archivos más grandes.
· «Media»: Puede suponer el equilibrio entre calidad y descarga rápida.
· «Progresiva»: Se trata de un formato especial de JPEG que
  aparecerá con celeridad en un buscador de webs, pero solo a baja
  resolución. La resolución total de la foto se aprecia tras entrar
  en la página o al clicar sobre la imagen a baja resolución.

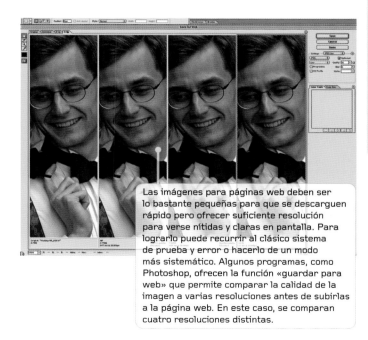

Las imágenes para páginas web deben ser
lo bastante pequeñas para que se descarguen
rápido pero ofrecer suficiente resolución
para verse nítidas y claras en pantalla. Para
lograrlo puede recurrir al clásico sistema
de prueba y error o hacerlo de un modo
más sistemático. Algunos programas, como
Photoshop, ofrecen la función «guardar para
web» que permite comparar la calidad de la
imagen a varias resoluciones antes de subirlas
a la página web. En este caso, se comparan
cuatro resoluciones distintas.

La fotografía es una disciplina extremadamente tecnológica en constante cambio y evolución. Por tanto, existen abundantes términos técnicos asociados a este medio que debe conocer si desea aprovechar al máximo su equipo fotográfico y mejorar como fotógrafo.

Abertura Orificio variable en tamaño formado por el diafragma de la lente que controla la cantidad de luz que recibe la película.

Abertura máxima Máxima abertura de un objetivo, generalmente especificada en su nombre. En la mayoría de las lentes de 50 mm f/1.8, por ejemplo, la abertura máxima es de f/1.8.

Abertura mínima Menor abertura de una lente; generalmente, f/22, f/27, o f/32.

Adaptador de transparencias Accesorio que permite escanear diapositivas en un escáner de mesa.

AE Lock Función que permite bloquear la exposición. Resulta útil a la hora de asegurar una exposición correcta en situaciones lumínicas complicadas.

AEB *Véase* Soporte de autoexposición.

Ángulo de cobertura El ángulo que cubre el haz producido por un flash. En condiciones idóneas, este debe ser igual o mayor al ángulo de visión de la lente.

Ángulo de visión Plano de escena captado por la cámara. Los objetivos de gran angular tienen un mayor ángulo de visión, y los teleobjetivos, uno menor.

Anillo de enfoque Anillo que incorporan algunas cámaras que permite el enfoque manual cuando se coloca la lente en esa posición.

Archivo adjunto Imagen digital u otra clase de archivo enviado junto a un correo electrónico.

Auto-zoom Útil función de algunos flashes electrónicos, en la que la cabeza se adelanta o retrocede para garantizar que la iluminación del flash cubra el ángulo de visión del objetivo.

Bajorrelieve Técnica artística disponible a modo de filtro en algunos programas informáticos de edición de imágenes.

Balance de blancos Prestación que ajusta automáticamente el equilibrio de color en la imagen para compensar las diversas fuentes lumínicas, como el tungsteno y el fluorescente.

Bias de exposición Término utilizado en referencia a los modos de exposición, basado en si proporcionan aberturas pequeñas o grandes, o velocidades de obturación rápidas o lentas.

Bloqueo de enfoque Acción del disparador en la que se bloquea el enfoque mientras se mantiene pulsado el disparador. Permite enfocar con precisión sujetos descentrados.

Bulb Ajuste de velocidad de obturación disponible en modo manual. Cuando se activa, el obturador permanece abierto el tiempo que se mantenga pulsado el disparador.

Byte Pequeña unidad de memoria informática. *Véanse* Kilobyte, Megabyte y Gigabyte.

Cabezal móvil Flash con un cabezal capaz de rotar o inclinarse para facilitar la fotografía con flash aunque esté encajado en la zapata de contacto.

Capas Función de la mayoría de los programas de edición de imagen que permite trabajar en diferentes partes de la fotografía de manera independiente.

Captura de fotogramas Permite exportar imágenes de vídeos o de videocámaras.

CCD Sensor de la cámara digital que crea la imagen.

CMYK Cian, magenta, amarillo y negro, cuyas combinaciones producen las imágenes en color en la página impresa.

Colores primarios Rojo, azul y verde; colores a los que la vista humana es más sensible.

CompactFlash Una de las tarjetas de memoria reutilizables.

Compensación de la exposición Característica de las cámaras Minolta que permite incrementar o disminuir la exposición.

Compensación de la exposición de flash Función de algunas cámaras y flashes que permite alterar el equilibrio de la luz ambiental y la exposición del flash. También llamado «control de ratio de relleno».

Compresión Proceso que reduce el tamaño de una imagen digital para que ocupe menos espacio de almacenamiento y se transfiera más rápido por correo electrónico o al ser descargada de internet (*véase* JPEG).

Condensador Componente electrónico que crea y almacena energía, utilizado con la finalidad de crear los altos voltajes necesarios para activar el flash electrónico.

Contraluz Situación en la que la iluminación principal proviene de detrás del sujeto, creando una silueta. Para evitarlo, se puede añadir luz al sujeto mediante el flash.

Contraste Diferencia entre las zonas más claras y más oscuras de una foto.

Control de ratio de relleno Función de algunos flashes que permite alterar el equilibrio entre las exposiciones de la luz ambiental y del flash. Esta función también se denomina «compensación de exposición del flash».

CPU Unidad de proceso central, microprocesador.

Descargar Recibir un archivo o imagen desde un ordenador remoto, generalmente mediante internet y por medio de un módem. Es lo contrario a «subir».

Difusor Material situado sobre el cabezal del flash para suavizar la luz.

Digitalización Creación de una imagen digital, generalmente por medio de un escáner o de una cámara digital.

Disco duro Hardware informático utilizado para almacenar imágenes y demás clases de archivos. Algunos discos duros forman parte del ordenador, otros vienen aparte y algunos son extraíbles.

Disparador automático Función instalada en algunas cámaras que retrasa el disparo durante unos segundos una vez se ha pulsado el disparador.

Disparador Botón que se pulsa para realizar la fotografía.

Distancia focal Longitud focal de una lente.

Distancia focal mínima Distancia más cercana al sujeto en la que la lente es capaz de enfocar.

DPI Puntos por pulgada. Indica la resolución de un monitor, escáner o impresora. Cuanta mayor sea la resolución, mayor será la calidad.

Duotono Modo que simula la impresión con dos colores de tinta.

Duración de flash Tiempo que dura la emisión de luz producida por un flash.

Elemento Lente independiente que, combinada con otras, crea un objetivo capaz de tomar fotografías.

Enfoque automático predictivo Sofisticado sistema de enfoque que anticipa la dirección y velocidad de un sujeto en movimiento, y enfoca en el momento de la exposición para garantizar la nitidez del resultado.

Enfoque manual Opción de enfoque en la que la lente se ajusta a mano, generalmente verificándolo con los datos que aparecen en el visor.

Escala de grises Imagen consistente en tonos blancos y negros sin color.

Escala Gama de colores que puede aparecer en una pantalla o en una impresión.

Escáner Aparato de hardware utilizado para digitalizar imágenes. Los hay dedicados a impresiones, diapositivas y negativos.

Escáner de mesa Escáner diseñado para digitalizar obras de arte planas, como dibujos o grabados.

Escáner fotográfico Escáner diseñado para digitalizar transparencias y negativos.

Exposición múltiple Función de algunas cámaras que permite realizar más de una exposición en un solo fotograma de película.

Filtro Opción de software destinada a realzar las imágenes.

Firewire Sistema de conexión informática de alta velocidad.

Fish fryer Caja de luz (*softbox*) extremadamente grande.

Flash anular Tubo de destellos circular que encaja alrededor de la lente y produce iluminación sin sombras.

Flash de relleno Técnica de flash utilizada para iluminar zonas oscuras de una foto ya iluminada con luz natural.

Flash de sincronización lenta Técnica que combina una exposición de flash con una velocidad de obturación elevada.

Flash dedicado Flash unido electrónicamente a la cámara para facilitar el control sobre la exposición. Los antiguos sistemas se limitaban a ajustar la velocidad de la película en el flash y emitían una señal lumínica en el visor cuando este estaba preparado.

Flash directo Técnica consistente en apuntar el flash directamente al sujeto. Por lo general, produce imágenes bruscas y planas, y ojos rojos.

Flash electrónico Sistema de iluminación que utiliza un condensador y un tubo cargado de gas para crear un destello de luz brillante.

Flash estroboscópico Serie de disparos de flash sucesivos utilizado para grabar movimiento.

Flash externo Técnica consistente en la utilización de un flash no encajado en la zapata de contacto.

Flash incorporado Unidad de flash integrada en la cámara.

Flash manual Ajuste que dispara un flash prefijado sin control TTL.

Flash rebotado Técnica de manejo del flash en la que se hace rebotar la luz de un flash sobre una superficie reflectante, como un techo o una pared blanca. Este flash crea una iluminación suave y homogénea, y elimina el riesgo de producir ojos rojos.

Formato de archivo Modo en que se almacena la imagen (*véanse* TIFF, JPEG y GIF).

Fotómetro puntual Medidor capaz de obtener lecturas de una pequeña zona del sujeto, normalmente 1-3º.

Fuente de luz Origen de cualquier tipo de luz utilizada con fines fotográficos, como el sol, los reflectores y los flashes.

Full Auto Modo de disparo sencillo de usar que determina todos los parámetros por el usuario.

GIF Formato de intercambio gráfico utilizado para mostrar imágenes en internet. El JPEG resulta más adecuado para fotografías, ya que el GIF está limitado a 256 colores.

Gigabyte 1.024 megapíxeles o 1.048, 576 bytes, generalmente figura como «Gb».

Gran angular Lente con una distancia focal de 35 mm o menos; por ejemplo, 28 mm y 24 mm.

Grano Partículas de plata que componen una imagen impresa a partir de un negativo. El efecto grano se puede añadir digitalmente a las imágenes en el ordenador.

Herramienta Subexponer Herramienta destinada a aclarar selectivamente zonas de la imagen.

Histograma Gráfica que indica la distribución tonal de los píxeles en una imagen digital.

Iluminación de realce Lámpara de tungsteno o cabezal de flash que indica dónde recaerá la iluminación.

Imagen miniaturizada Imagen a baja resolución que se encuentra en software digital e internet y que conecta con los archivos a alta resolución.

Imagen movida Falta de nitidez producida por el movimiento de las manos del fotógrafo.

Impresora a inyección de tinta Popular clase de impresoras a color capaces de producir fotografías de calidad a diversos tamaños.

Impresora Aparato periférico del ordenador destinado a la impresión.

Interpolación Proceso del tratamiento digital que utiliza software para añadir píxeles nuevos a una imagen analizando los adyacentes y creando otros nuevos para que encajen entre sí. Este proceso puede reducir la calidad.

ISO Organización Internacional de Estándares. Sistema de clasificación de la sensibilidad.

Jirafa Larga pértiga auxiliar con un contrapeso que permite ubicar luces por encima del sujeto.

JPEG Siglas en inglés de Grupo de Expertos Fotográficos Unidos. Es el formato de compresión más útil y popular.

Julios Unidad de medida de la potencia de los flashes, equivalente a un vatio por segundo.

Kelvin Unidad de medida de la temperatura del color.

Lectura de luz incidente Medición de la exposición de la luz que incide sobre un sujeto.

Lente de ampliación Simple accesorio óptico que permite al usuario entrar en el mundo de la fotografía de primeros planos.

Lente de corrección dióptrica Ajuste del visor que corrige deficiencias en la vista.

Lente macro Desde el punto de vista técnico, se trata de una lente que iguala la escala 1:1 (tamaño real) o la aumenta.

Lith Imagen en la que solo figuran el blanco y el negro, sin más colores.

Luz ambiental Cualquier forma de iluminación constante; por ejemplo, la luz solar, la luz de la luna, las bombillas de tungsteno o la lumbre del fuego.

Luz combinada Combinación entre diversas fuentes de luz de distintos colores; por ejemplo, flash, tungsteno y fluorescente.

Luz de detalle Centelleo en los ojos del modelo.

Luz Energía radiada visible con longitudes de onda que incluyen los colores del espectro.

Luz fluorescente Fuente de luz continua que a menudo produce una pátina verde en película equilibrada de luz diurna, aunque también se vende en su variante neutra.

Luz principal Fuente lumínica principal.

Mac Nombre popular de los ordenadores Apple Macintosh.

Marco Herramienta que permite seleccionar parte de una imagen.

Matriz Conjunto de sensores de imagen.

Medición parcial Sistema de medición que obtiene una lectura de luz procedente de una pequeña zona central de la imagen.

Medición Ponderada Central Sistema de medición que toma lecturas de luz de toda la imagen con mayor énfasis en la zona central.

Medición TTL Fotómetro a través del objetivo. Sensor instalado en la cámara que mide la luz que ha atravesado la lente.

Megabyte 1024 kilobytes, suele figurar como «Mb».

Megapíxel Un millón de píxeles.

Microprocesador «Cerebro» del ordenador, medido en megahercios.

Modo de prioridad a la abertura Modo de disparo en el que el fotógrafo escoge la abertura de la lente y el sensor decide la velocidad de obturación correspondiente.

Modo de prioridad al obturador Modo de disparo que permite al fotógrafo escoger la velocidad de obturación.

Modo deportivo Modo de selección de programa dedicado a la fotografía de acción.

Modo manual Modo que permite al fotógrafo ajustar la abertura y la velocidad de obturación.

Modo Método de trabajo, aunque generalmente hace referencia al modo de exposición, a la forma en que se selecciona la abertura y la velocidad de obturación.

Modo paisaje Modo de selección de programa destinado a fotografiar paisajes.

Modo primer plano Modo de Selección del Sujeto destinado a fotografiar objetos cercanos.

Modo Programa Modo de disparo en que la cámara escoge la velocidad de obturación y la abertura, pero el fotógrafo puede realizar ajustes o variaciones.

Modo retrato Modo de selección de programa dedicado a fotografiar a personas.

Monobloc Cabezal de flash independiente que se conecta directamente a la corriente de la pared (al contrario que los flashes convencionales, que portan baterías).

Nido de abejas Rejilla que se ajusta sobre un foco para producir una luz más dura y direccional.

Número guía Indicador de la potencia de un flash. Al dividir por la distancia entre el flash y el sujeto, puede calcularse la abertura necesaria para obtener una exposición correcta al tomar una fotografía con flash manual. Se mide en pies o en metros, y generalmente da por sentada la utilización de ISO 100.

Objetivo estándar Lente con una distancia focal de unos 50 mm.

Objetivo principal Lente de distancia focal fija. Lo contrario a un zoom.

Obturador Cortinilla situada en la cámara que se abre durante un período predeterminado para permitir que la luz llegue a la película.

Ojos rojos Característico efecto producido por la luz proveniente de un flash directo en los ojos del sujeto, donde rebota en los vasos sanguíneos situados tras la retina.

Paleta Conjunto de herramientas presentado en una pequeña ventana del software de edición informático.

Pantalla de cristal líquido (LCD) Ingenio electrónico que se vuelve negro cuando lo atraviesa una carga electrónica. La pantalla LCD de muchas cámaras muestra información sobre los ajustes de la misma.

Parasol Accesorio lumínico barato, versátil y portátil. Disponible en blanco (suave), plateado (luz más dura), dorado (para aportar calidez) y azul (para fuentes lumínicas de tungsteno). Cuanto mayor sea el parasol, más blanda será la iluminación.

Piloto Luz situada en la parte posterior de casi todos los flashes que indica que este está cargado y listo para disparar.

Pincel Herramienta de edición de imágenes incluida en un software y utilizada para crear diversos efectos.

Píxel Diminutivo de elemento gráfico (*picture element*), pequeño cuadrado de información digital que contiene detalles acerca de la resolución, el color y la gama tonal.

Pixelado Efecto generalmente indeseado en el que los píxeles son tan grandes que se distinguen a simple vista.

PL-C Filtro de polarización circular que incrementa el contraste del sujeto controlando la luz procedente de superficies no metálicas.

Preflash Pequeño destello de flash emitido por algunos aparatos de flash que determina la distancia entre este y el sujeto. En la fotografía con flash directo, el preflash proviene de un emisor de banda cercana al infrarrojo.

Profundidad de campo Zona que aparecerá razonablemente nítida en la imagen final. Su tamaño es variable y depende principalmente de la abertura, de los ajustes realizados en la lente y de la distancia entre cámara y sujeto (*véase* Imagen inferior).

Quemado Oscurecimiento voluntario de partes de la imagen utilizando la herramienta correspondiente.

RAM (Random Acces Memory) Memoria de acceso aleatorio.

Rango dinámico Medida de la cantidad de señales que es capaz de capturar o reproducir un escáner o una impresora.

Recortar Eliminar bordes no deseados de la imagen.

Reducción de ojos rojos Luz emitida hacia el sujeto mientras se dispara el flash para ayudar a reducir el riesgo de ojos rojos.

Reflector Cualquier superficie sobre la que rebota la luz. También es una cubierta plateada situada en el cabezal del flash que sirve de apoyo al tubo de destellos.

Resolución Indicador principal de la calidad de una imagen, obtenido al multiplicar el número de píxeles situados en el plano horizontal por los del plano vertical.

Resplandor Defecto en la imagen causado por la luz al dispersarse en la lente; generalmente, se produce cuando se dispara a contraluz.

Retoque Mejora de una imagen tras haber ajustado el contraste, la nitidez, el color y demás parámetros.

RGB Rojo, verde y azul, los tres colores primarios utilizados para mostrar imágenes en una pantalla de ordenador.

Sincronización de primera cortinilla Manera estándar en que se sincroniza un flash con el obturador de una cámara. El flash dispara en cuanto el obturador está totalmente abierto. *Véase* también Sincronización de segunda cortinilla.

Sincronización de segunda cortinilla Modo de disparo de algunos flashes que provoca que disparen justo antes de que se cierre el obturador en vez de hacerlo en cuanto se encuentra totalmente abierto.

Sincronización Método que garantiza que el flash disparará cuando el obturador se encuentre abierto del todo.

SLR Acrónimo de cámara réflex de un objetivo (Single Lens Reflex). En esta clase de cámaras, un espejo y un prisma desvían la luz que atraviesa la lente hacia la pantalla de enfoque para que lo que ve el fotógrafo por el visor se corresponda con la exposición producida al pulsar el disparador.

Softbox También llamada «caja de luz». Popular accesorio lumínico que produce una luz extremadamente suave. Se encuentra en diversos tamaños y formas. Cuanto más grandes son, más difusa es la luz.

Software de edición de imágenes Programa informático utilizado para obtener, manipular y almacenar imágenes digitales.

Sombrilla *Véase* Parasol.

Tampón de clonación Herramienta que permite al usuario copiar parte de la imagen en otra zona de la misma.

Teleobjetivo Lente con una distancia focal superior a 70 mm.

Telezoom Lente zoom cuya distancia focal mínima es de 70 mm o más.

Temperatura del color Color de una fuente lumínica medida en grados Kelvin.

Tiempo de reciclado Período transcurrido después de haber disparado el flash mientras el condensador lo carga para ser utilizado de nuevo.

TIFF Popular formato de archivo de gran calidad.

Transparencia Nombre más formal de las diapositivas, diseñadas para ser iluminadas desde detrás.

Transparencia Sistema en que se proyecta una transparencia en una pantalla translúcida para crear un fondo.

Tratamiento del color Proceso mediante el que se controla el color de una imagen a lo largo de las diversas fases, desde la captura hasta la impresión.

Tratamiento por lotes Función automatizada de algunos programas que permite aplicar los mismos cambios a una serie de imágenes.

Tubo del flash Tubo de cristal cargado de gas que emite luz brillante al ser atravesado por alto voltaje. Fuente lumínica de todos los flashes.

Tungsteno Fuente de luz continua.

Tv Abreviatura de Valor temporal. Generalmente utilizado como modo Tv. Indica el modo de prioridad a la exposición del obturador.

TWAIN Interfaz de adquisición de imágenes para escáner compatible con diversos soportes.

Unidad subordinada Ingenio que detecta un flash al disparar y, simultáneamente, dispara un segundo flash al que está unido. No permite el desarrollo de todas las funciones habituales de flash.

USB Abreviatura de Bus de Serie Universal, sistema de interconexión informático que permite conectar e intercambiar periféricos con un ordenador sin necesidad de bajar la potencia.

USM Proceso de edición gráfica que mejora la nitidez de una imagen.

UV Filtros ultravioleta utilizados para proteger el cristal frontal de un objetivo.

Valor de la exposición (EV) Unidad de medida de la luz utilizada como alternativa a la velocidad del obturador y la abertura. Por ejemplo, EV 10 equivale a 1/30 segundos a f/8.

Varita Mágica Herramienta de edición digital que selecciona automáticamente zonas con píxeles de colores similares.

Velocidad de sincronización Velocidad máxima de obturación en fotografía con flash con una cámara de obturador de cortinilla.

Velocidad del obturador Lapso de tiempo durante el cual el obturador permanece abierto. En la mayoría de las cámaras digitales, este varía entre un segundo y una milésima de segundo. En algunas, el margen es mayor.

Visera Conjunto de cuatro aletas encajadas ante una fuente lumínica que se ajusta para controlar la cantidad de luz.

Visor Ventana situada en la parte posterior de algunas cámaras SLR que permiten ver la imagen.

Visor óptico Sistema de visionado directo instalado en algunas cámaras.

Zapata de contacto Ranura situada en la zona superior de la cámara donde se ajusta el flash u otro accesorio.

Zoom estándar Lente de longitud focal variable de unos 50 mm que generalmente abarca de 28/35 mm a 70/80/105 mm.

Zoom Lente de longitud focal variable.

A no ser que utilice una impresora conectada directamente a la cámara, lo más probable es que tenga acceso a un ordenador. Por tanto, es lógico que lo utilice como acceso a la infinita cantidad de información sobre fotografía digital disponible en páginas web.

Proveedores

Adobe (Photoshop y más): www.adobe.com/es
Canon España: www.canon.es
Compaq: www.hp.com
Duracell (pilas y más): www.duracell.com/es
Epson España: www.epson.es
Fujifilm España: www.fujifilm.es
Gitzo (trípodes y monopodos): www.gitzo.com
Hewlett Packard: www.hp.com
IBM España: www.ibm.com/es
InterVideo (WinProducer, edición de videos, software y más): www.corel.com/es
Ipswitch (FTP software): www.ipswitch.com
Jasc (Paint Shop Pro y más): www.corel.com/es
Kodak: www.kodak.com
Macromedia (software Dreamweaver y más): www.macromedia.com
Microsoft (software y más): www.microsoft.com/spain
Nero (software para grabar CD, DVD y otros materiales): www.nero.com/esp
Nikon España: www.europe-nikon.com
Nokia: www.nokia.es
Powerware España: www.powerware.com/spain
Pure Digital (cámaras Ritz Dakota): www.puredigitalinc.com
Samsung España: www.samsung.com/es
SanDisk (tarjetas de memoria, readers y más): www.sandisk.es
Sony: www.sony.es
Ulead (Video Studio software y más): www.ulead.com

Páginas web para entusiastas

www.fotonostra.com/biografias/histfoto.htm
www.nuevafotografia.com
www.fotodng.com/revista/descarga
www.photo.es
www.thewebfoto.com